DÉBATS

DU

Compte présenté par le sieur DORR

AUX

Sieurs MARCUS et Consorts.

Lᴇ sieur Dorr prétend n'avoir rien reçu de l'actif du sieur Marcus-Seiler, et dès-lors il refuse de présenter un chapitre de recettes. Pourquoi cela ? Parce que, dit-il, ce n'est pas moi qui ai reçu, il ne faut pas me confondre *avec la maison Dorr*, elle seule a fait les recettes, elle seule pourrait donc en rendre compte.

Mais il se garde bien de dire que déjà cette prétention a été soutenue par lui devant la Cour, et condamnée par l'arrêt du 16 juin 1827. Nous prouverons qu'il y a sur ce point, *chose jugée*, et que l'obstination du comptable est d'autant plus extraordinaire, qu'à une époque où il n'avait aucun intérêt à taire la vérité, il avouait des recettes assez importantes ; d'où la conséquence que s'il était possible de remettre en question ce qui a été décidé souverainement et avec connaissance de cause, la solution nouvelle serait nécessairement aussi favorable que la première aux sieurs Marcus.

Il y a chose jugée.

Lorsque les sieurs Marcus et Baudouin eurent enfin obtenu un jugement qui leur permettait de ne payer, en supposant qu'ils pussent être débiteurs, qu'après une exacte vérification d'un compte présenté

I

et *affirmé* en justice, le sieur Dorr ouvrit les registres *de la maison Dorr frères*, et il en tira un compte qu'il fit signifier comme *le compte des recettes et dépenses que ledit sieur Dorr a faites pour les affaires du sieur Marcus—Seiler*. La recette se composait de tout ce que le sieur Dorr avait reçu ; la dépense se composait non seulement de ce qu'il disait avoir payé aux créanciers cautionnés, *mais encore de toutes les avances qu'il lui avait plu de faire au sieur Marcus—Seiler lui—même*. Question s'est élevée de savoir si de semblables avances pouvaient figurer au débet des sieurs Marcus et Baudouin qui ne les avaient pas autorisées et qui ne s'étaient soumis qu'au remboursement de certaines sommes. Le Tribunal a fait justice de la prétention du sieur Dorr, en décidant que le chapitre des dépenses porterait uniquement sur ce qui était relatif au cautionnement.

Devant la Cour, cette prétention a été renouvelée, et le sieur Dorr qui n'a rien négligé pour assurer le succès direct ou indirect de son appel, n'a point manqué de demander que si les avances *de la maison Dorr* étaient rejetées du compte, il fut dispensé en même temps de porter en recette les sommes qui avaient été recouvrées *par cette même maison* sur l'actif du sieur Marcus—Seiler.

« Chose singulière et digne de remarque, disait-il dans son Mémoire
» signé Charpentier et Noizet, p. 36, ces Messieurs ne veulent point
» entendre parler des opérations faites entre la maison Dorr et Mar-
» cus—Seiler, lorsqu'il s'agit des avances faites à celui-ci et dont il peut
» rester débiteur envers ladite maison; mais ils les invoquent ces
» opérations, pour constituer *M. Dorr* débiteur des valeurs que *sa*
» *maison* a reçues en échange ou en paiement de ses avances ; c'est
» ainsi que nos habiles adversaires savent, au besoin, se tourner dans
» tous les sens; c'est ainsi qu'ils ont l'art de diviser ce qui est indivi-
» sible, et de scinder ce qui doit être accepté ou rejeté pour le tout. »

Ainsi l'on soutenait à cette époque, que c'était *la maison Dorr frères* qui avait reçu, qu'elle était seule comptable et ne pouvait être forcée dans la personne de l'un de ses membres à faire compte de ses recettes, sans être admise en même temps à compter de ses avances. Cette idée a été singuliérement développée dans la réplique du sieur Dorr; c'était en quelque sorte sa planche de salut, parce que condamné par le titre sur la question des avances, il devait chercher à conserver ses recouvremens pour s'indemniser des sommes à raison desquelles il n'avait de recours que contre le sieur Marcus-Seiler.

Mais de leur côté les sieurs Marcus et Baudouin insistèrent. Ce qu'ils ont dit à la page 15 de leurs Observations imprimées, en réponse au Mémoire ci-dessus rappelé, est la preuve évidente que la question soumise aujourd'hui à la Cour, était déjà discutée devant elle en 1827 :

« Il restera à savoir si M. Dorr n'est pas couvert des sommes qui
» seront maintenues à son avoir, par les recouvremens qu'il a faits,
» *et avant tout la question de savoir s'il ne doit pas compte de ces*
» *recouvremens.* IL SOUTIENT LA NÉGATIVE. Nous doutons fort que
» notre adversaire se fasse illusion; cela n'est guère possible, dans les
» circonstances que nous allons rappeler, etc. » Les sieurs Marcus et Baudouin déduisent ensuite les motifs à l'appui de leur prétention. Ils les ont également déduits dans d'autres observations *signées Dommanget*.

C'est après cette discussion que la Cour a rendu son arrêt, dont il importe de consigner ici les termes :

« Attendu que les membres de la famille Marcus ne se sont évidemment engagés, soit le 16 novembre 1818, soit le 29 janvier 1819, qu'à cautionner les dettes étrangères de Marcus-Seiler *alors existantes et telles qu'elles étaient déclarées,* c'est-à-dire jusqu'à concurrence de 106,600 francs.

» Attendu que cet engagement, qui ne fut, d'ailleurs, contracté qu'avec beaucoup de conditions, *n'est nullement susceptible de recevoir la moindre extension,* et qu'on ne peut dès-lors s'en prévaloir *à raison des dettes contractées depuis, par Marcus-Seiler, vis-à-vis de qui que ce soit.*

1*

» Attendu qu'il suit de là que les appelans (le sieur Dorr et ses en-
fans) sont mal fondés dans leur prétention de mettre à la charge des
intimés (les sieurs Marcus et Baudouin) les avances qu'ils ont jugé à
propos de faire audit Marcus—Seiler, et, conséquemment, que c'est
avec raison que les premiers Juges *ont rejeté leur compte et ordonné
qu'ils en rendraient un nouveau.*

» Mais attendu que lesdits appelans ne sont nullement responsables du
montant de l'actif, déclaré en 1818, qui n'a point été consigné entre leurs
mains ni mis à leur disposition, il est donc clair que les premiers Juges
ont été, à cet égard, beaucoup trop loin, et que les appelans *ne
peuvent être tenus de compter que des sommes ou valeurs résultant
de cet actif qu'ils ont réellement touchées, et des intérêts à partir
des recettes.*

» Attendu, d'un autre côté, *que les appelans ne peuvent porter
en dépense que les sommes qu'ils ont réellement payées aux créanciers cautionnés, et les intérêts simples de ces sommes à partir de la
date des quittances,* les intérêts composés ne pouvant avoir lieu, en
matière civile, qu'en vertu d'une convention spéciale.

» Attendu, enfin, que le serment déféré par les appelans n'est point
litis-décisoire, et que dès-lors ce n'est point le cas de s'y arrêter.

» Par ces motifs,

» La Cour a mis l'appellation et ce dont est appel au néant, émen-
dant et prononçant par jugement nouveau, ordonne que, dans le
mois, les appelans rendront aux intimés, devant M. Fontayne, un
nouveau compte *contenant,* 1° en recette, *toutes les sommes et valeurs résultant de l'actif déclaré par Marcus-Seiler, le 16 novembre
1818, qu'ils ont perçues et touchées avec intérêts depuis la date des
recettes, ce qui sera établi soit par leurs comptes courans et registres,
soit par ceux de Marcus-Seiler;*

Et 2° *en dépense, toutes les sommes en capitaux et intérêts qu'ils
ont réellement payées aux créanciers cautionnés par suite des actes
des 16 novembre 1818 et 29 janvier 1819, avec intérêts à partir de*

la date des quittances; pour le dit compte débattu, être ultérieurement statué ce qu'au cas appartiendra ; *sur les autres fins, met les parties hors de Cour;* réserve les dépens. »

Le sieur Dorr qui savait mieux que personne ce qu'il avait plaidé à trois audiences différentes, mieux que personne aussi devait saisir le sens de l'arrêt. Il était permis d'espérer que s'exécutant franchement, il porterait ses recouvremens en déduction des créances par lui payées en conséquence de son mandat; point du tout, voici le début de son compte :

« Compte rendu par le sieur Dorr, en vertu de l'arrêt du 16 juin
» 1827, et *affirmé* devant M. le Conseiller commissaire, le 31 août
» suivant :

» Chapitre de recettes. — *Néant.* »

Voilà donc un démenti formel donné à la justice ; et parce que la Cour n'a pas dit *textuellement* que le sieur Dorr compterait des re—couvremens faits *par la maison Dorr*, les seuls dont elle put entendre parler, puisqu'elle a prescrit l'apport des comptes courans et registres de cette maison, notre adversaire si fertile en expédiens croit pouvoir se dispenser d'obéir.

Mais qu'il explique donc, si faire se peut, ce que l'arrêt a prescrit ! Avait-il soutenu, à une époque quelconque, en première instance ou en appel, qu'il y avait deux sortes de recouvremens ; les uns effectués par lui, les autres faits par la maison Dorr? Non assurément; il n'y avait qu'une classe de recouvrémens, que les sieurs Marcus et Bau—douin attribuaient au sieur Dorr tout seul, et que celui-ci attribuait *à la maison Dorr*, motif pour lequel il prétendait n'en être pas indi—viduellement comptable. Lors donc que les Magistrats ont déclaré que les sommes reçues par le sieur Dorr seraient imputées sur les sommes cautionnées, il n'est pas douteux qu'ils n'aient rejeté l'exception ou moyen échappatoire du sieur Dorr.

Vainement donc essayerait—on de prouver qu'il n'y a pas chose jugée.

S'il s'agissait de prononcer de nouveau, la décision devrait être en faveur des sieurs Marcus et Baudouin.

Faisons abstraction de la chose jugée; la prétention du sieur Dorr serait-elle soutenable? Que nous importe à nous *la maison Dorr frères?* N'est-il pas évident que le sieur Dorr, le chef et le gérant de cette maison dont le principal établissement est à Metz, dans le domicile de notre adversaire, ne la fait paraître ici que parce qu'au lieu de faire des intérêts du sieur Marcus-Seiler, une affaire toute spéciale, en dehors de son commerce, il a commis la faute de se servir des livres de sa maison pour y inscrire les sorties et les entrées de fonds occasionnées par l'exécution de l'acte de cautionnement? Peut-être même, en se constituant le directeur de cette affaire, a-t-il compté sur les fonds de la société; et si cela était, après avoir puisé dans la caisse de quoi payer quelques créanciers cautionnés, quoi de plus naturel que d'y reverser le montant des sommes par lui recouvrées, et de passer écriture de ces sommes, de la même manière que si *la maison Dorr frères* en avait fait le recouvrement elle-même? La teneur des registres ne prouve donc rien contre nous, et en définitive *la maison Dorr* n'était pas un être différent *du sieur Dorr.*

Mais supposons qu'il soit possible de les isoler l'un de l'autre, et voyons quelle en serait la conséquence: Si c'est la maison Dorr qui a fait les recettes du produit de l'actif de Marcus-Seiler, c'est aussi la maison Dorr qui a payé les créances cautionnées, car le tout est porté sur ses livres, ainsi que le constate l'extrait signifié en forme de compte courant, en vertu du premier jugement rendu par le Tribunal. Pourquoi donc le sieur Dorr *individuellement* vient-il nous réclamer le remboursement de ces créances? il n'y est pas plus fondé que nous ne le serions, selon lui, à le faire compter des recettes inscrites sur les livres *de la maison.* Dans ce système, il faudrait donc proscrire la demande de notre adversaire, qui tend à obtenir condamnation à fin de remboursement.

Pour éviter cette fin de non recevoir, le sieur Dorr fera-t-il intervenir *la maison Dorr*, ou bien s'en dira-t-il le représentant, et plaidera-t-il dans son intérêt collectif? Eh bien ! dans cette hypothèse, nous lui répondrons, comme nous répondrions à la maison Dorr elle-même : Vous vous êtes substitué *en qualité* à l'obligation que le sieur Dorr *personnellement* avait contractée; cette obligation était écrite avec toutes ses conditions dans le pacte de famille; vous ne deviez pas le transgresser, vous avez eu tort de faire des avances, il fallait vous borner à payer des créanciers cautionnés, et donner vos soins à la réalisation de l'actif du sieur Marcus–Seiler. Etablissez donc votre compte, de manière à ne présenter que les dépenses légitimes, et à les balancer par vos recettes. On voit que le sieur Dorr en reviendrait toujours forcément à la restitution qu'il veut éviter.

Mais laissons le juger par ses propres actes et par ses propres faits, nous saurons par cela seul et bien au juste, à quoi nous en tenir sur le véritable esprit qui animait le sieur Dorr, quand il portait l'opération sous le nom de sa maison de commerce; il n'entendait certes pas lui imposer ce fardeau; mais contractant en son nom privé *dans le pacte de famille*, on peut assurer qu'il croyait faire une affaire personnelle, *et sur–tout qu'il n'a jamais eu la prétention (antérieurement à 1827), de présenter un état de dépenses, sans les compenser avec ses recouvremens.*

1° Il croyait faire une affaire personnelle, oui sans doute, et *la maison Dorr frères* était tout-à-fait hors de cause : il suffit pour s'en convaincre, de lire l'intitulé du compte qu'il a présenté et affirmé le 15 décembre 1825. C'est lui et lui seul qui y parle, qui annonce des recettes et des dépenses. A la vérité, ce compte est un relevé des livres *de la maison Dorr;* mais cela vient de ce qu'il n'a pas ouvert un registre particulier pour cet objet; et le compte n'en est pas moins celui du sieur Dorr, puisqu'il l'avoue lui–même. On n'a demandé qu'une rectification, du moins dans l'ensemble de cette pièce; elle consistait à en faire disparaître les avances étrangères au cautionnement. Cela retranché, il n'en restait pas moins un compte de recettes et de dépenses, c'est-à-dire, des recettes et des dépenses du sieur Dorr, qui se les était appropriées.

2° Il n'entendait pas se dispenser de faire état *de ses recettes*, sous le prétexte que la maison Dorr en était seule comptable; au contraire, *il avouait AVOIR REÇU en imputation de ses dépenses relatives au cautionnement*. En effet, dans une note par lui remise, le 4 décembre 1823, le sieur Dorr a donné un aperçu de situation, en portant d'une part en dépense, uniquement les sommes qu'il disait avoir payées par suite du cautionnement, et d'autre part, *en recette et en déduction*, la valeur des draps vendus ou à vendre.

« Par le traité du 16 novembre 1818, dont M. Baudouin a copie, la famille Marcus garantit les dettes étrangères se portant à 106,600 fr. Ces dettes ont été acquittées et garanties par M. Dorr, conformément audit traité, sauf 12,000 fr. dûs à mademoiselle Calmus, et 14,000 fr. restant dûs à Me Berga ; M. Dorr a donc payé et garanti 80,600 fr., ainsi que les intérêts de cette somme pendant cinq ans, soit 20,150 fr. ; ces deux sommes réunies formant 100,750 fr. *Il a touché de la vente des draps environ 24,000 fr.; il reste invendu en magasin environ 12,000 fr.*, qui, déduits des 100,750 fr. ci-haut, le laissent à découvert de 64,000 fr. environ, etc. »

Dans sa note du 15 décembre 1824, il fait plus : tout en bornant encore cette fois sa dépense aux sommes cautionnées, il reconnaît qu'il faut en déduire les différentes ventes de draps dont il indique les dates, et qui forment, avec les intérêts, un total de 37,857 fr.

« En vertu de la convention souscrite par les familles Marcus, de Metz, et Seiler, de Saint-Louis, le 16 novembre 1818, entr'autres dispositions, M. Dorr a été autorisé par ses beaux-frères, à se cautionner pour une somme de 106,600 fr. due aux individus ci-après.

» Savoir, etc.

» Dans le courant de décembre 1818, et janvier 1819, M. Dorr s'est cautionné pour le montant des créances ci-dessus, payables en deux et quatre années, avec intérêts, excepté 7000 fr. redus à mademoiselle Calmus, et 14,800 fr. à Me Berga.

» La somme cautionnée se porte donc à . . . . . . 84,800 fr.
» Les intérêts de six ans à 5 pour cent 25,440

TOTAL. . . . . 110,240 fr.

« A déduire pour vente de marchandises, savoir :

Report.. 110240ᶠ »ᶜ

	Estimation.		Montant des ventes.	
	f.	c.	f.	c.
» Le 5 novembre 1821. Vente au Directeur des Douanes à Thionville, au comptant......................	13388	»	6105	65
Intérêts du 5 novembre 1821 au 31 décembre 1824......................			963	77
» 12 janvier 1822. *Idem* à Benjamin Rigsem de Metz, payable à quatre mois.....	665	»	264	15
Intérêts du 12 mai 1822..............			34	76
» 15 juin .... *Idem* à Platteau et C.ⁱᵉ, de Paris..............	1800	»	660	»
Intérêts du 15 octobre..............			72	75
» 18 novembre.... *Idem* à Fould, de Metz, à quatre mois.......	2314	»	923	80
Intérêts du 18 mars 1823..............			82	30
» 19 » .... *Idem* au même......................	4900	»	1789	37
Intérêts du 19 mars 1823.............			159	28
» 21 décembre.... *Idem* à Lambert May, de Metz, payable à six mois.................	18700	»	6790	58
Intérêts du 21 juin 1823			517	73
» 21 » .... *Idem* à Gervais Voisnier, de Nancy, payable au 10 mars.....................	6120	»	2563	40
Intérêts du 10 mars................			231	38
» 30 » ...... *Idem* à Placide Barthelemy, de Metz	1917	»	489	90
Intérêts du 10 avril 1823.............			42	10
» 10 janvier 1823. *Idem* à Doinet, de La Rochelle, payable au 30 juin..............	6806	»	2485	10
Intérêts du 30 juin.................			186	37
» 22 » .... *Idem* à B. Rigsem, de Metz, à quatre mois....	2438	»	819	05
Intérêts du 22 mai 1823.............			65	74
» 26 février ...... *Idem* à Lambert May, à quatre mois........	7990	»	3043	»
Intérêts du 26 juin..................			129	91
» 15 novembre.... *Idem* à Placide Barthelemy, payable au 30 mars.	9867	»	3250	»
Intérêts du 30 mars................			123	»
» 30 janvier 1824. *Idem* à Bourguignon, de Metz, à trois mois....	5944	»	1986	»
Intérêts du 30 mars................			66	20
» 31 mars........ *Idem* à Placide Barthelemy, à quatre mois....	6915	»	2285	»
Intérêts de cinq mois			47	60
» 25 juin .... *Idem* à Brogard le jeune, à six mois........	3782	»	1359	50
» 20 octobre ..... *Idem* à Courtot, de Metz, payable à époque..	978	»	320	20
	94524	»		

37857 54

Même aveu enfin dans la lettre écrite par le sieur Dorr à M. l'abbé Marcus, le 15 janvier 1825.

« Je m'empresse, mon frère, de répondre aux questions que vous me faites dans votre billet d'hier.

« La famille Seiler n'a fait qu'un seul paiement de 7,000 fr., le 2 novembre 1821.

» L'avant-dernière assemblée a eu lieu en juin 1822. En jetant les yeux sur le bordereau de la vente des marchandises, vous verrez qu'elle ne se montait à cette époque qu'à 8,000 et quelques francs, dont l'estimation était de 16 à 17,000 fr. *Il restait donc en magasin pour 77,000 fr. environ selon le prix primitif, et qui ont à peine produit 30,000 fr.* Il n'a pas été fait à cette assemblée de bilan ou balance régulière, attendu qu'on ignorait encore quel serait le produit du placement des draps ; toutes les créances cautionnées n'étaient point payées, puisque j'avais obtenu 2 et 4 ans pour rembourser ; mais je vous ai assez fait voir que nous étions déjà à découvert. De quelque manière que j'aurais pu m'y prendre dans cette galère, une fois le cautionnement prêté, il était impossible de payer en principal et 6 ans d'intérêts 138,580 fr. avec 37,800 fr. montant de la vente, etc. »

Et n'était-ce point de cette manière que le pacte de famille avait été entendu ? N'était-il pas bien convenu que le sieur Dorr appliquerait à ses dépenses, le montant de l'actif du sieur Marcus-Seiler ? Nous avons annoncé depuis long-temps (dans notre premier Mémoire publié sur l'appel, page 7), et dans les observations (page 17), une lettre écrite par M. Baudouin, au sieur Dorr, le 10 septembre 1821 : *J'espère, lui disait-il, que vous avez tiré parti des objets qui étaient à votre disposition.*

Le sieur Dorr n'a point dit qu'il n'eut pas reçu cette lettre ou qu'il y eut répondu négativement ; il n'a pas dit non plus qu'il eût annoncé aux sieurs Marcus et Baudouin qu'il ne toucherait rien. Il a donc entretenu la famille dans la pensée que le mandat s'exécutait fidèlement, et aujourd'hui il voudrait soutenir, *avec l'espoir du succès,* qu'il n'est pas comptable ! Non, le sieur Dorr ne s'abuse pas, et sa résistance n'en est que plus blâmable.

Ce qu'il n'a point fait, nous avons dû le faire à sa place : nous avons établi son chapitre de recettes; il se compose de six sections, mais avec une seule série d'articles :

La première section renferme les différentes recettes avouées par le sieur Dorr, dans son compte affirmé le 15 décembre 1825.

Mais comme les sieurs Marcus et Baudouin se sont aperçus qu'il existait une différence entre ces recettes et celles que le sieur Dorr annonçait dans son état de ventes par lui communiqué le 17 décembre 1824, ils ont fait le relevé des erreurs sur chaque article. C'est l'objet de la seconde section.

La troisième est relative à la vente des laines.

La quatrième embrasse les recouvremens effectués sur les créances que rappelait le bilan annexé à la convention de 1818.

La cinquième et la sixième contiennent la recette du prix d'un meuble, et de partie du prix d'un immeuble.

Voici ce compte ou chapitre des recettes :

SECTION 1re.
Prix des ventes des draps, d'après le compte du 15 décembre 1825.

Art.		Intérêts.		Principaux.	
1	28 mai 1819, vente de deux pièces de draps....			673f	36c
	Intérêts jusqu'au 11 mai 1825, jour de la demande, 5 ans 11 mois 13 jours...........	200	35		
2	3 mars 1820, vente de draps à Thomas Collignon (1).			200	»
	5 ans 2 mois 8 jours d'intérêts.............	51	88		
3	21 novembre 1820, vente de draps au même......			55	»
	4 ans 5 mois 20 jours......................	12	28		
4	2 janvier 1821, vente de draps au même.........			145	»
	4 ans 4 mois 9 jours......................	31	59		
5	5 février 1821, vente *idem*			627	75
	4 ans 3 mois 6 jours......................	133	88		
6	23 février 1821, vente *idem*..................			418	25
	4 ans 2 mois 18 jours......................	88	15		
		518	13	2119	36

(1) C'est Thomas-Collignon qui avait un dépôt de draps et qui a vendu. Il a ensuite remis le montant des ventes au sieur Dorr.

	Report.....	518	13	2119	36

Art.

7	3o avril 1821, vente *idem*			150	»
	4 ans 11 jours..........................	3o	22		
8	2 octobre 1821, vente de 5 aunes un quart de drap.			73	5o
	3 ans 7 mois 9 jours......................	13	23		
9	5 novembre 1821, vente de 86¼ aunes de drap bège.			5356	8o
	3 ans 6 mois 6 jours......................	941	90		
10	9 janvier 1822, vente de 33 aunes de drap bège....			204	65
	3 ans 4 mois 2 jours	34	15		
11	3 mai 1822, vente de 8 aunes et demie de casimir..			59	5o
	3 ans 8 jours............................	8	97		
12	15 juin 1822, vente de 6 pièces de draps.........			6o6	»
	2 ans 10 mois 26 jours	87	94		
13	23 juin 1822, vente de 56 aunes et demie de drap..			34o	5o
	2 ans 10 mois 18 jours...................,	49	o6		
14	3 août 1822, vente de draps			5oo	»
	2 ans 9 mois 8 jours......................	69	29		
15	29 août 1822, vente de 3 aunes et demie de drap...			21	»
	2 ans 8 mois 12 jours	2	82		
16	3o octobre 1822, vente de drap..............			35	»
	2 ans 6 mois 11 jours....................	4	42		
17	18 novembre 1822, vente de quatre pièces de drap.			347	»
	2 ans 5 mois 23 jours	43	o2		
18	19 novembre 1822, vente d'une pièce de drap.....			155	8o
	2 ans 5 mois 22 jours....................	18	93		
19	19 novembre 1822, vente de 23 pièces de drap.....			1789	37
	2 ans 5 mois 22 jours	221	64		
20	21 novembre 1822, vente d'une pièce de drap......			85	5o
	2 ans 5 mois 20 jours....................	10	54		
21	23 nov. 1822, vente d'un coupon et d'une pièce de drap.			157	55
	2 ans 5 mois 18 jours....................	19	4o		
22	11 décembre 1822, vente de 7 pièces de drap......			528	42
	2 ans 5 mois	49	34		
23	21 décembre 1822, vente de 75 pièces de drap			5926	1o
	2 ans 4 mois 11 jours	707	82		
24	21 décembre 1822, vente de deux pièces de drap..			178	46
	2 ans 4 mois 2o jours....................	20	1o		
		2850	92	18634	51

(13)

Art.					
	Report...	2850	92	18634	51
25	2 janvier 1823, vente de 5 pièces de drap........			418	46
	2 ans 4 mois 9 jours.....................	49	20		
26	2 janvier 1823, vente de pièces de drap..........			399	28
	2 ans 4 mois 9 jours.....................	47	06		
27	26 février 1823, vente de 39 pièces de drap......			3043	»
	2 ans 2 mois 15 jours....................	335	99		
28	10 mars 1823, vente d'une pièce de drap........			144	»
	2 ans 2 mois.............................	15	60		
29	31 mars 1823, vente de 10 pièces de drap......			691	50
	2 ans 1 mois 11 jours	73	07		
30	17 juin 1823, vente de 5 aunes de drap..........			40	»
	1 an 11 mois 24 jours	3	72		
31	6 décembre 1823, vente de 17 pièces de drap.....			1648	85
	1 an 5 mois 5 jours.....................	117	93		
32	12 décembre 1823, vente de 9 pièces de drap.....			640	15
	1 an 5 mois	45	32		
33	18 mai 1824, vente de diverses pièces de drap....			946	»
	11 mois 23 jours.......................	46	36		
34	30 juillet 1824, vente de 3 pièces de drap........			147	»
	9 mois 11 jours........................	5	72		
35	23 septembre 1824, vente de 25 pièces de drap....			1230	»
	7 mois 18 jours	38	94		
36	6 octobre 1824, vente de diverses pièces de drap..			1100	»
	7 mois 5 jours	32	84		
37	18 octobre 1824, vente de 4 coupons de drap.....			62	90
	6 mois 27 jours	1	76		
38	10 déc. 1824, vente de 5 pièces de drap et d'un coupon.			410	60
	5 mois	8	55		
39	14 décembre 1824, vente de pièces de drap.......			171	85
	4 mois 23 jours	3	46		
	TOTAL des articles 1er à 39.........	3676	44	29728	10

Si l'on compare un premier état des ventes du 17 décembre 1824, communiqué par le sieur Dorr, dont le texte est ci-dessus avec le compte du 15 décembre 1825, on trouve entre ces deux pièces plusieurs différences au grand préjudice des oyans. On en portera le montant en

Section 2.
Addition aux prix des draps portés dans le compte de 1825.

recette, tant que le sieur Dorr ne donnera pas une juste raison de ces différences. Ainsi :

Art.

40 L'article 1er du compte du 17 décembre 1824 porte la vente de draps du 5 novembre 1821, à 6105f 65c, tandis que le sieur Dorr n'a plus porté cette même vente dans son compte du 15 décembre 1825, qu'à 5356f 60c.

Différence.................................... 748 85

3 ans 6 mois 6 jours d'intérêts.............. 131 67

41 L'article 3e du compte du 17 décembre 1824 porte la vente du 15 juin 1822 à 660f, tandis que le sieur Dorr n'a plus porté cette vente dans son compte du 15 décembre 1825, qu'à 606f.

Différence.................................... 54 »

2 ans 6 mois 26 jours d'intérêts............. 6 94

42 L'article 4e du compte du 17 décembre 1824 porte la vente des draps du 18 novembre 1822 à 923f 80c, tandis que le sieur Dorr n'a plus porté cette vente dans son compte du 15 décembre 1825, qu'à 347f.

Différence.................................... 576 80

2 ans 1 mois 23 jours d'intérêts............. 61 92

43 L'article 6e du compte du 17 décembre 1824 porte la vente de draps du 21 décembre 1822 à 6790f 53c, tandis que le sieur Dorr n'a plus porté cette vente dans son compte du 15 décembre 1825, qu'à 5926f 10c.

Différence.................................... 864 43

1 an 10 mois 20 jours d'intérêts............. 81 61

44 L'article 9e du compte du 17 décembre 1824 porte la vente de draps du 10 janvier 1823, à Doinet de La Rochelle, à 2485f 10c, tandis que le sieur Dorr omet cette vente dans son compte du 15 décembre 1825.

Différence.................................... 2485 10

1 an 10 mois 11 jours d'intérêts............. 231 57

45 L'article 10e du compte du 17 décembre 1824 porte la vente de drap à un sieur Rigsem, à la date du 22 janvier 1823, à 819f 5c; le sieur Dorr n'a

513 71   4729 18

Art.   *Report*........   513   71   4729   18

plus porté cette vente dans son compte du 15 déc. 1825, et à la date du 2 janvier 1823, qu'à 418f 90c

Différence.................................   400   »

1 an 11 mois 19 jours d'intérêts.............   39   35

46   L'article 12e du compte du 17 décembre 1824 porte, à la date du 15 novembre 1823, la vente de drap à Placide Barthelemy, à 3250f; le sieur Dorr n'a plus porté cette vente dans son compte du 15 déc. 1825, à la date des 6–12 déc. 1823, qu'à 2289f

Différence.............................   961   »

2 ans 1 mois 11 jours.....................   101   56

47   L'article 13e du compte du 17 décembre 1824 porte, à la date du 30 janvier 1824, une vente de drap à Bourguignon, à 1986f; le sieur Dorr n'a plus porté cette vente dans son compte du 15 décembre 1825, à la date du 18 mai 1824, qu'à 946f.

Différence..............................   1040   »

1 an 11 jours............................   53   65

48   L'article 15e du compte du 17 décembre 1824, porte, à la date du 25 juin 1824, la vente de drap à Brogard, à 1359f 50c; le sieur Dorr n'a plus porté cette vente dans son compte du 15 décembre 1825, à la date du 10 décembre 1824, qu'à 410f.

Différence..............................   949   »

4 mois 16 jours........................   17   90

49   Enfin l'article 16e et dernier du compte du 17 décembre 1824 porte, à la date du 20 octobre 1824, la vente de drap à Courtot, à 320f 20c; le sieur Dorr n'a plus porté cette vente dans son compte du 15 déc. 1825, à la date du 14 décembre 1824, qu'à 171f 85c.

Différence................................   148   35

4 mois 27 jours............................   3   »

50   Le sieur Dorr a encore omis dans ses recettes des comptes des 17 décembre 1824 et 15 décembre 1825, un article très-important: le 13 août 1823, il a adressé au sieur Doinet de La Rochelle, des draps pour une somme de 12372f 58c, ci.....................   12372   58

Dont les intérêts se montent à................   1082   58

Total des nos 40 à 50.........   1811   75   20600   11

Art.

3ª Section. Vente des laines qui dans le bilan ont été estimées 17992ᶠ.	51	28 janvier 1822, vente de 213 kilogr. de laine....		489 90
		3 ans 3 mois 13 jours......................	80 47	
	52	21 novembre 1822, vente de 11 balles de laine ...		2563 40
		2 ans 5 mois 20 jours......................	311 90	
	53	4 février 1823, vente de laine		87 »
		2 ans 3 mois 7 jours......................	9 86	

TOTAL.......... 402 23 | 3140 30

4ª Section.
Créances ou valeurs
recouvrées sur celles
qui ont été portées
à 14,000ᶠ dans le
bilan.

54   On s'en rapporte, sur cet objet, aux aveux du sieur Dorr, consignés page 37 de son second Mémoire imprimé, où il dit :

Recouvré sur les créances actives détaillées au bilan de 1818, la somme de 12274ᶠ 71ᶜ........ 12274 71

Au moyen de cet aveu, il est inutile de rechercher les rentrées partielles de ces créances dans l'extrait des livres.   } 15343 36

Intérêts. — 5 ans..................... 3068 65

5ª Section.
Vente des métiers
de Mercy-le-Bas.

55   Au dernier article du compte du 15 décembre 1825, on trouve en recette 407ᶠ 55ᶜ provenant de la vente des métiers de Mercy-le-Bas, laquelle a été faite le 22 février 1825........................ 407 55

2 mois 19 jours d'intérêts.................. 4 44 } 411 99

6ª Section.
(Forcement de recette.) Immeuble de
Mercy-le-Bas.

56   L'immeuble de Mercy-le-Bas a été vendu pour 6200ᶠ.

Sur cette somme 3037ᶠ ont été remis à Mᵉ Berga. Le sieur Dorr a touché le surplus montant à..... 3200 »

Intérêts pendant 3 ans, jusqu'à ce que le sieur Dorr fasse connaître la date précise de cette recette...................................... 480 » } 3680 »

RÉCAPITULATION.

∼∼∼∼∼∼∼∼∼∼∼∼∼

DRAPS (compris dans les deux 1res Sections).	Total en capital.	1re Section, 29728ᶜ 10ᶜ	50328 21	55816 40
		2ᵉ Section, 20600 11		
	Total en intérêts.	1re Section, 3676 44	5388 19	
		2ᵉ Section, 1811 75		

LAINES	Total en capital........................	3140 30	3542 53
	Total en intérêts.....................	402 23	

CRÉANCES	Total en capital....	12274 71	15343 36
	Total en intérêts	3068 65	

MÉTIERS	Total en capital.......................	407 55	411 99
	Total en intérêts	4 44	

IMMEUBLE	Total en capital.......................	3200 »	4680 »
	Total en intérêts......................	480 »	

TOTAL général de la recette en capitaux et intérêts.. 78794 28

Fidèle à son système, et prétendant toujours n'avoir fait aucune recette, le sieur Dorr refusa d'abord de s'expliquer sur les différens articles qui précèdent, jusqu'à ce qu'il eût été jugé s'il était comptable. Mais pour prévenir un renvoi à l'audience, il a été convenu que sans approbation préjudiciable et sous toutes réserves les débats s'ouvriraient, afin de mettre la Cour en situation de prononcer sur le tout, le cas échéant.

Les parties se sont occupées simultanément des articles 1 à 39, composant la première section. Douze séances ont été consacrées à ce premier objet ; nous allons indiquer les diverses difficultés qui se sont élevées lors des comparutions, et préciser ainsi l'état de la cause sur ce point.

3

L: sieur Dorr a reconnu (séance du 25 avril 1828), que *la maison Dorr frères* avait reçu les différentes sommes portées aux articles 1 à 39, faisant en principal 29,728 fr. 04 cent., avec intérêts à partir des jours mentionnés au compte signifié en 1825. Il n'était pas possible de le nier; mais pour atténuer les conséquences de cet aveu, le sieur Dorr s'empressa de faire observer (ce à quoi il ne songeait guères avant le procès), que la recette des articles 1 à 39 était le produit, non seulement des draps qui formaient l'actif de la fabrication du sieur Marcus-Seiler, au moment de la convention de 1818, *mais encore de ceux qu'il avait fabriqués postérieurement, au moyen des avances de fonds que la maison Dorr lui a faites;* ces deux fabrications ayant été confondues par Marcus-Seiler.

L'avoué des sieurs Marcus et Baudouin a combattu cette nouvelle prétention du sieur Dorr. Nous dirons plus tard par quels moyens, nous dirons aussi comment et en quels termes ce dernier a répliqué.

Il y avait un moyen infaillible de pénétrer la vérité, (en supposant qu'il restât encore quelques doutes après les explications des sieurs Marcus et Baudouin); M. le Conseiller-commissaire provoqua des éclaircissemens qui furent donnés par l'avoué du sieur Marcus-Seiler (dans la séance du 26 avril).

Celui-ci déclara que, d'après le relevé des registres de fabrication et autres, le sieur Marcus-Seiler avait fabriqué avec les laines qu'il avait en magasin, lors du bilan de 1818, jusques fin de janvier 1819;

Que dans l'intervalle du 17 novembre 1818 au 6 février 1819, il était tombé seize pièces des métiers de Mercy-le-Bas, portant les numéros de 1756 à 1772;

Que du 23 novembre 1818 au 1er février 1819, les métiers de Varize avaient rendu vingt-une pièces, revêtues des numéros 180 à 201;

Que le premier achat de laines, postérieur au pacte de famille, était du 31 janvier 1819, et que le prix en avait été payé par un billet ordre Simon, de 2343 fr., payable le 2 novembre 1819.

Pour completter ces documens, l'avoué du sieur Marcus-Seiler annonça que, dépouillement fait des registres de facture, 1° celui-ci avait envoyé, de celles fabriquées tant à Mercy-le-Bas qu'à Varize, du 17 novembre au 6 février, vingt-sept pièces, dont il indique les numéros, avec la date des factures, et portées dans ces factures à un total de 3546 fr. 55 cent.

2° Qu'il avait envoyé deux cent quarante-quatre pièces facturées ensemble 63,587 fr. 85 cent., fabriquées tant à Mercy-le-Bas qu'à Varize, avant le pacte de famille, ainsi qu'on en peut juger par les numéros, tous inférieurs à ceux de la fabrication qui a eu lieu depuis ce pacte.

3° Que quantité d'autres pièces fabriquées depuis janvier 1819, avaient été expédiées au sieur Dorr, suivant facture, portant l'aunage et les numéros.

4° Que le sieur Dorr était comptable en outre, de 8424 fr., pour valeur des draps, flanelles et molletons qu'il avait retirés du dépôt du sieur Thomas Collignon, à qui le sieur Marcus-Seiler les avait confiés pour les vendre.

Il fournit également à la même séance, des documens sur les laines expédiées par ce dernier au sieur Dorr.

Mais, pour plus d'exactitude, il fit observer (à la séance du 2 mai) que les mêmes numéros de pièces se reproduisaient dans différentes factures, et qu'il y avait par conséquent des doubles emplois, parce que certains draps expédiés au sieur Dorr, avaient été renvoyés à la fabrique pour être réapprêtés; et comme il avait fait un travail spécial sur ce point, il put déclarer que les doubles emplois dans les numéros des draps fabriqués de novembre 1818 à février 1819, formaient, d'après les prix de factures, un total de 936 fr.; que ceux relatifs aux draps fabriqués avant novembre 1818 (avant le pacte de famille) s'élevaient à 13,009 fr. 86 cent.; qu'ainsi, pour connaître le véritable montant des draps expédiés au sieur Dorr, il convenait de déduire de chaque série correspondante, les susdites sommes de 936 fr. et de 13,009 fr. 86 cent.

3*

Les renseignemens fournis à la vue des livres du sieur Marcus-Seiler, devaient nécessairement conduire à la solution de la difficulté élevée par le sieur Dorr; en effet, puisque l'on connaissait les numéros des draps qui lui avaient été envoyés et l'époque de leur fabrication, il était facile de constater si en définitive ceux dont les *ventes* étaient rappelées du n° 1 à 39 de la recette, avaient pu être fabriqués avec les fonds et avances de la maison Dorr. L'adversaire a senti la portée des documens que l'on soumettait à M. le Conseiller-commissaire; aussi nous allons le voir s'écarter du but autant que possible, et détourner l'attention de ce point capital.

Le sieur Dorr répondit dans le premier moment (séance du 2 mai) que ces documens ne pouvaient faire foi en justice; qu'au surplus il ne saurait examiner de suite jusqu'à quel point ils étaient fautifs, ni quel pourrait en être le résultat; mais il offrit pour la séance suivante, d'apporter tous les registres tenus par la maison Dorr, relativement aux négociations avec le sieur Marcus-Seiler, notamment les registres d'entrées et de sorties, les bordereaux de ventes et les décomptes, ensemble les factures reçues, pour prouver que les comptes de la maison Dorr avec Marcus-Seiler étaient très-exacts.

A la séance du 3 mai, le sieur Dorr se représenta devant M. le Conseiller-commissaire; il convint qu'il y avait accord entre ses livres et ceux de factures du sieur Marcus-Seiler, quant à vingt-trois factures qu'il énuméra; qu'il n'en était pas de même de celles des 18 et 29 juin 1819, du 13 juillet, deuxième du 16 août, des 8 et 21 septembre 1819; que les quatre-vingt-neuf pièces de draps désignées dans ces six factures n'avaient pas été données en consignation à la maison Dorr, parce que, destinées à des régimens, elles avaient dû être facturées et expédiées par le fournisseur personnellement; que si elles avaient été adressées à la maison, ce n'était sans doute qu'*en transit*; qu'enfin le prix de ces draps, payé par le Gouvernement, avait été encaissé par la maison Dorr, mais que celle-ci en avait fait état et compte à Marcus-Seiler, comme on pourrait le justifier par les accusés de réception.

Le sieur Dorr convint aussi que le même accord existait pour les laines

facturées ensemble à 4991 fr, 50 cent. ; que la maison Dorr avait effectivement retiré du dépôt du sieur Thomas Collignon, quarante-
deux pièces de draps, facturées ensemble à 8424 fr. 09 cent., dont
trente-huit fabriquées avant le pacte de famille (valeur de 7776 fr.
22 cent.) et quatre fabriquées après janvier 1819 (valeur de 647 fr.
87 cent.)

Ces explications occupèrent toute la séance du 3 mai. Dans celle du
7 mai, le sieur Dorr annonça qu'il avait encore de nouvelles observations à faire, pour completter sa comparution précédente. Après avoir
fourni des renseignemens tels quels, sur les différentes pièces de draps,
il se résuma en présentant le résultat suivant :

D'après le bordereau notifié par le sieur Marcus-Seiler, *la maison
Dorr frères* serait comptable de six cent vingt-huit pièces de draps,
y compris les quarante-deux numéros retirés du dépôt de Thomas Collignon ; or,

1° 89 pièces portées dans les six factures, dont il a été ci-devant
parlé, n'ont pas été reçues par la maison Dorr, mais envoyées
directement à leur destination (aux régimens).

2° 108 ont été renvoyées à Marcus – Seiler, pour qu'il les réap-
prêtât. Marcus-Seiler les évalue à 22,165 fr. 86 cent. (1)

3° 17 pièces ont été retirées par Marcus-Seiler, pour les expédier à
la légion du Haut–Rhin.

4° 55, dont trois provenant du dépôt de Thomas Collignon, ont été
vendues à la demoiselle Calmus, pour 5645 fr. 25 cent., au
lieu de 7188 fr. 91 cent., somme à laquelle Marcus-Seiler les
avait facturées.

---

(1) Dans la séance du 9 mai, l'avoué du sieur Marcus-Seiler a reconnu que d'après
vérification faite de ses registres, aux folios par lui indiqués, ce dernier avait reçu
des draps à lui renvoyés pour réapprêtage , jusqu'à concurrence de 20456 fr. 62 c.,
prix de factures ; que jusqu'à présent il n'en avait point parlé parce que ses ins-
tructions n'en disaient rien. Les parties ne pouvaient donc plus être en différence
sur ce point que jusqu'à concurrence de 1700 fr. 24 c.

5° 359 ont été vendues *par la maison Dorr*. Elles étaient portées dans les factures à 67,235 fr. 34 cent.; elles n'ont produit que 30,759 fr. 37 cent.

_____

628 (Total égal.)

Nous avons dit que le sieur Dorr avait cherché à détourner l'attention, du point capital; il n'a que trop bien réussi : après un intervalle de huit jours, on avait perdu de vue le but que M. le Conseiller-commissaire s'était proposé et avait suffisamment indiqué aux parties, en demandant des explications sur les époques où les différentes pièces de draps avaient été fabriquées. A la séance du 8 mai, les sieurs Marcus et Baudouin ne voyant plus que le résultat présenté par leur adversaire, dans la séance du 7 mai, déclarèrent que jusqu'alors ils n'avaient connu la vente des draps que par la déclaration du sieur Dorr, et qu'en l'absence d'autres renseignemens ils avaient été forcés de s'en rapporter à lui; mais que les découvertes résultant des registres du sieur Marcus-Seiler *élevant la quantité des draps remis par ce dernier au sieur Dorr, à un plus grand nombre de pièces que celles avouées, ils entendaient porter le chapitre de recettes aux quantités* renseignées par ces registres, *sans admettre les déductions que le sieur Dorr voulait faire, notamment pour les quatre-vingt-neuf pièces portées en six factures, qu'il disait n'avoir reçues qu'en transit.*

Ils ajoutèrent (toujours par l'organe de leur avoué) que par suite de la même ignorance sur le véritable état des choses, ils avaient été obligés de s'en rapporter également au sieur Dorr pour les prix; mais que la différence entre les prix alloués par celui-ci et ceux de factures, était si grande (60 pour 100), qu'ils ne pouvaient plus s'en contenter, *à moins que le sieur Dorr ne représentât des registres de ventes bien en règle, renseignant le nom des acheteurs, la quantité des mètres ou des aunes, avec le prix par aune ou par mètre.*

De là, grands sujets de discussion (nous ne parlons pas de l'extrême irritation du sieur Dorr, venant de ce qu'on élève des prétentions fondées sur les livres de Marcus-Seiler, et qu'on ose lui demander à compulser ses propres registres). Il a fallu tout près de huit séances pour y mettre un terme ; celles du 8 et du 9 mai se sont écoulées, sans que l'on vit paraître les livres du sieur Dorr. Enfin le 13 mai, ils furent apportés ; mais que l'on ne s'imagine pas que l'avoué des sieurs Marcus et Baudouin ait été autorisé à y faire des vérifications ; le sieur Dorr a pris chacun des articles de son compte en particulier, et il a fait voir que chacun se trouvait conforme à la mention correspondante du registre ; ce qui ne prouvait pas qu'à certaines pages il n'y avait point de recettes que l'on aurait oublié de reporter dans le compte.

Quoiqu'il en soit, cette inspection a fourni au sieur Dorr l'occasion de signaler un prétendu double emploi, et à demander la suppression de l'art. 24, portant somme de 178 fr. 46 cent. (vente du 21 décembre 1822), faite à un sieur Ménagé, de Paris, comme devant se confondre avec l'art. 26). La question relative à cet objet, a été discutée dans les séances des 13, 14 et 16 mai.

On a vu que le sieur Dorr soutenait que les 89 pièces de draps mentionnées dans les six factures dont nous avons rappelé les dates, ne lui avaient pas été remises en consignation. C'était un article assez important pour qu'il fut débattu ; on s'en est occupé dans les séances des 13, 14, 16, 17 et 19 mai.

Ce qui a été dit à l'occasion des art. 1 à 39, donne lieu aux questions suivantes :

1° Le sieur Dorr doit-il prendre en imputation sur les sommes payées aux créanciers cautionnés par lui, la totalité des draps dont les ventes s'élèvent à 29,728 fr. 04 cent. de principal, suivant l'énumération contenue aux articles 1 à 39 ?

2° Y a-t-il un double emploi de 178 fr. 46 cent. sur l'art. 26 ? Faut-il déduire ces 178 fr. 46 cent. de la recette avouée de 29,728 fr. 04 cent. ?

3° La quantité des draps vendus réellement ou dont le sieur Dorr a disposé, n'est-elle pas supérieure à celle avouée par ce dernier ?

Ainsi n'a-t-il pas disposé de quatre—vingt—neuf pièces énumérées dans les six factures des 18 et 29 juin, 13 juillet, deuxième du 16 août, des 8 et 21 septembre 1819, dont il n'a pas fait compte jusqu'à présent?

4° Doit—on se contenter des prix de ventes, offerts par le sieur Dorr ?

Sur la première question.

Nous avons dit que le sieur Dorr, placé dans l'impossibilité de nier la recette de 29,728 fr. au moins en principal, pour ventes de draps, avait cherché à en atténuer les conséquences, en disant que cette recette n'était pas seulement le produit des draps fabriqués avant le pacte de famille du mois de novembre 1818, les seuls qui fussent affectés à la garantie des créances cautionnées, mais qu'elle provenait aussi de draps fabriqués postérieurement et qui *n'ayant pu l'être qu'avec les avances* de la maison Dorr, devaient naturellement être vendus pour couvrir ces avances.

En cela, le sieur Dorr fait une double erreur; car il est bien évident que les draps vendus sont de l'ancienne fabrication; et dans le cas con. traire, la prétention du sieur Dorr ne serait pas plus soutenable.

Pour justifier la première de ces assertions, nous avons le bilan du 16 novembre 1818, qui annonce des marchandises en fabrique chez le sieur Marcus-Seiler, pour 90,800 fr. Il n'est guère concevable qu'elles n'aient pas produit entre les mains du sieur Dorr, 29,728 fr. au moins. Nous avons les aveux de ce dernier, contenus dans les pièces suivantes :

1° La note par lui remise aux sieurs Marcus et Baudouin, le 4 décembre 1823; il annonce avoir vendu des draps *pour environ* 24,000 *fr.*, et en avoir encore *pour environ* 12,000, (total 36,000.)

2° Une nouvelle note communiquée le 17 décembre 1824, et datée de ce jour; le sieur Dorr y déclare qu'il a pour se couvrir le prix ou la valeur des draps s'élevant à environ 36,000 fr.

3° La lettre du 15 janvier 1825, ci-devant transcrite, aussi bien que les deux pièces que nous venons d'énumérer.

Comment le sieur Dorr fait-il l'imputation de la valeur des draps, dans chacun de ces renseignemens ? Ce n'est point sur une masse de dépenses composée des dettes cautionnées et des avances faites *par la maison Dorr* ; c'est uniquement sur les dettes cautionnées, donc ces draps étaient gage des cautions, donc c'étaient ceux-là même qui avaient été mentionnés au bilan de 1818, et par conséquent ceux de l'ancienne fabrication. Le sieur Dorr ne cherchait point à le déguiser à cette époque.

4° Un écrit du sieur Dorr, intitulé *Notices et observations sur le bilan de* 1818, (il n'est pas signé de lui, mais il résulte des dix-huit lignes qui le terminent, *et qui sont de la main du sieur Dorr*, qu'il a été fait par son ordre et sous sa dictée) ; à la 3ᵉ page, on lit ce qui suit : « Mais voyons de quoi se composait l'actif de 220,000 fr. 1°. . . . . . . » 2° les marchandises pour 90,800 fr., réduites par la vente à 37,000 fr. » . . . . . . Portant, l'actif réel ne se montait qu'à 120,000 fr. environ. » De cet actif, *le comptable n'a eu à sa disposition que les draps et* » *quelque laines fines rongées par les insectes, etc.* ». Cette déclaration est concluante, elle est des plus fortes contre le sieur Dorr, et tout ce que nous pourrons dire après cela n'aura guère d'importance comparativement aux preuves qui ressortent de la pièce dont nous argumentons en ce moment.

5° Enfin une dernière note remise le 7 mars 1825 ; elle est de la main du sieur Dorr : « Par la convention du 16 novembre 1818, » M. Dorr a été autorisé à cautionner et à payer à défaut de Marcus-Seiler, » une somme de. . . . . 106,600 fr. » Les intérêts capitalisés de 6 ans. 36,204

« Total. 142,804

» En déduisant le produit des marchandises vendues. . 37,000

» La perte à supporter est de, etc., ». .

Le sieur Dorr met donc toujours le produit des marchandises vendues en balance *avec les créances cautionnées*. Il reconnaît donc en tous temps, que les marchandises sont celles du bilan affectées à la sûreté du cautionnement.

4

Nous lui opposons de plus, qu'au mois de juin 1819, il avait reçu du sieur Marcus-Seiler une procuration des plus générales, qui le laissait ainsi le maître de disposer au nom de ce dernier; comment supposer que dans cette situation, chargé d'ailleurs des intérêts des sieurs Marcus et Baudouin, dont il avait aussi accepté le mandat, il n'eût pas fait tourner au profit des cautions et par conséquent de lui-même, les valeurs dont il avait la disposition.

Nous lui opposons que les ventes rappelées aux nos 1 à 39 du chapitre de recettes, ne sont point des ventes faites à des régimens. Les conseils d'administration n'acceptaient que des draps nouvellement fabriqués; ils ne présentaient donc aucun débouché pour les draps anciens. Or que seraient devenus ces draps s'ils n'ont pas été vendus à des marchands, s'ils ne sont pas ceux qui ont été portés dans les livres du sieur Dorr comme ayant produit 29,728 fr.?

Enfin nous objectons au sieur Dorr des calculs sur des faits étrangers au bilan. Ne parlons plus des 90,800 fr. qui sont rappelés dans ce bilan; notre adversaire pourrait prétendre que cette évaluation des marchandises en fabrique a été l'œuvre de Marcus-Seiler tout seul, qu'elle n'a été ni contrôlée ni vérifiée, que lui Dorr n'était point obligé à ce contrôle. Mais reportons-nous aux factures; elles sont conformes aux livres du sieur Dorr, il l'a reconnu, à l'exception de six factures portant 89 pièces de drap.

Or, il en résulte que le sieur Marcus-Seiler lui a envoyé en consignation 190 pièces de drap fabriquées avant le pacte de famille à Mercy-le-Bas, contenant 2486 aunes, facturées à 53,532 fr. 70 cent. (le détail s'en trouve dans le procès-verbal de M. le Conseiller-commissaire); plus cinquante-quatre pièces, de 693 aunes, provenant des métiers de Varize, facturées ensemble à 10,055 fr. 15 cent. Total de ces 244 pièces, 63,587 fr. 85 cent. Mais comme l'avoué du sieur Marcus-Seiler a reconnu qu'il y avait des numéros formant double emploi dans ces factures, et qu'il les a évalués pour les draps fabriqués avant le pacte de famille, à 13,009 fr. 86 cent., le total ci-dessus doit se réduire à 50,577 fr. 99 cent.

Il résulte également des factures, que le sieur Marcus-Seiler a envoyé au sieur Dorr vingt-sept pièces, fabriquées de novembre 1818 à fin de janvier 1819, facturées ensemble à 3546 fr. 55 cent. Les doubles emplois de n^os pour les pièces réapprêtées étant de 936 fr., le résultat se réduit à 2610 fr. 55 cent. Nous mettons ces draps ainsi fabriqués sur la même ligne que les précédens, en supposant qu'il soit nécessaire de les faire entrer dans le montant des ventes qui ont produit 29,728 fr., parce qu'évidemment ils n'ont pas été fabriqués avec les avances *de la maison Dorr* et que Marcus-Seiler avait des moyens de fabrication, son premier achat de laines postérieur au pacte de famille ne datant que du 31 janvier 1819.

Enfin le sieur Dorr a avoué (séance du 3 mai) qu'il avait retiré du dépôt de Thomas-Collignon, 38 pièces de drap fabriquées par le sieur Marcus-Seiler avant le pacte de famille, facturées à 7776 fr.

Récapitulons tous ces résultats de 50,577fr. 99 c., de 2610 fr. 55 c. et de 7776 fr., et nous avons un total de 60964 fr. 54 centimes, prix de factures. Assurément des marchandises facturées à 60964 fr. ont bien pu produire 29,728 fr.; il n'y a en cela rien d'extraordinaire et par conséquent il faudrait maintenir la recette à cette dernière somme, quand même nous n'aurions à invoquer que ces seuls documens, quand même il faudrait supposer qu'il n'y a pas eu d'autres draps expédiés au sieur Dorr.

Les probabilités sont donc pour nous, indépendamment des preuves positives résultant des écrits du sieur Dorr. Que le sieur Dorr les combatte si cela lui est possible; qu'il justifie par les numéros de fabrication que telles et telles pièces vendues à telle époque sont d'une fabrication de beaucoup postérieure au pacte de famille, jusques-là il ne saurait être écouté dans la distinction qu'il veut établir.

Mais nous allons plus loin, nous supposons que le sieur Dorr puisse nous indiquer positivement telles ou telles ventes comme ayant pour objet des draps fabriqués à la fin de 1819, ou en 1820 et même 1821; nous soutenons que dans ce cas là même il ne pourrait prétendre ne point les porter en compensation des créances cautionnées. Il allègue

4*

pour motif, que les draps fabriqués depuis le pacte de famille, ne l'ont été qu'avec les avances de la maison Dorr. C'est une erreur : Marcus-Seiler avait des ressources pour fabriquer, puisque les laines en magasin étaient évaluées à 17,992 fr. dans le bilan de 1818.

A cela le sieur Dorr objecte que les laines dont il s'agit, étaient fines et par conséquent impropres à la fabrication de Marcus-Seiler, qui ne travaillait que pour les troupes. Cette allégation invraisemblable, puisqu'on ne saurait admettre que Marcus-Seiler n'aurait eu que des laines impropres à la fabrication, n'est point justifiée d'ailleurs ; il peut y avoir eu des laines fines, sans que pour cela elles eussent été toutes de la même qualité ; toutes les laines peuvent avoir été de très-belle qualité, sans que pour cela elles eussent été rejetées des ateliers du sieur Marcus-Seiler ; le contraire est prouvé par les soins du sieur Dorr lui-même :

En effet, dans l'écrit intitulé *Notices et observations sur le bilan de* 1818, le sieur Dorr annonce qu'il a vendu quelques laines ; *que, quant à celles non vendues, elles ont été converties en draps.* Cet aveu était accablant pour lui, il a fort mal répondu devant M. le Conseiller-commissaire, à l'induction que l'on en tirait.

Il est donc vrai que la matière première appartenant au sieur Marcus-Seiler est entrée pour quelque chose dans la fabrication, et dès-lors, comment distinguer ce qui doit appartenir au bilan de ce qui lui est étranger, pour établir une différence entre tels et tels draps, dans l'application qu'il s'agit de faire du prix de ces draps aux créances cautionnées? Toute distinction est impossible. La prétention du sieur Dorr est donc mal fondée, sous quelque rapport qu'on l'envisage.

C'est en désespoir de cause qu'il l'a élevée, et pour s'en convaincre, indépendamment des preuves que nous lui avons déjà opposées, il suffit de recourir au premier Mémoire qu'il a fait imprimer. A la page 14, il fait l'énumération des réductions subies par les valeurs portées au bilan. « 2° Les draps sont portés pour 90,800 fr., ils n'ont été vendus que 32,000 fr.; perte, 58,800 fr. » Ce sont donc ces draps évalués 90,800 fr. (ceux de la fabrication antérieure au pacte de famille), qui ont produit une trentaine de mille francs. Concluons dès—lors que le sieur Dorr n'a cherché à insinuer le contraire et à faire croire que la recette de 29,728 fr. provenait en partie des draps fabriqués avec ses avances, que pour se soustraire à une juste compensation.

Sur la deuxième question.

Pour appuyer sa demande en retranchement d'une somme de 178 fr. 46 cent., formant l'article 24 de la recette, le sieur Dorr a dit (séance du 13 mai) :

Mon livre—journal et mon compte affirmé en décembre 1825, portent deux ventes faites à Ménagé, de Paris, l'une de 399 fr. 28 cent. (art. 26 du chapitre de recette en débat), et l'autre de 178 fr. 46 cent. (art. 24), tandis que, d'après les copies de factures communiquées, il n'y en aurait eu qu'une seule, ou plutôt les deux auraient été comprises ensemble pour 399 fr. 28 cent. Elles n'ont pu produire au-delà, parce que, comme cela résulte de la correspondance avec Ménagé, il a été déduit pour erreur d'aunage 5 fr. 25 cent. ; pour rabais de 20 pour 100, sur les 509 fr. auxquels on avait porté le prix, 101 fr. 87 cent. ; enfin 8 fr. 20 cent. pour frais alloués à Ménagé. Total 115 fr. 29 cent. Il y aurait donc lésion de 178 fr. 46 cent. pour le sieur Dorr, si, en comptant à l'art. 26, 399 fr. 28 cent., pour les deux ventes, il comptait encore 178 fr. 46 cent. à l'art. 24, pour l'une de ces ventes.

Le sieur Dorr a avoué qu'il ne pouvait cependant justifier complettement son prétendu double emploi, parce que Ménagé ayant failli en 1823, il avait cessé toutes relations avec lui ; et, à la séance du 16 mai, il a fini par s'en rapporter à la décision de la Cour, en la suppliant de juger le maintien ou la suppression de l'article, eu égard à la scrupuleuse exactitude de ses livres pour toutes les autres recettes et ventes.

Eh bien ! si la Cour tient pour exactes les écritures du sieur Dorr, il faudra qu'elle reconnaisse en même temps que le sieur Dorr n'a point légérement et sans justes motifs, inscrit *une première vente à la date du 21 décembre 1822*, puis *une autre vente à la date du 2 jan—*

vier 1823. La différence dans les dates et dans les sommes ne permet pas de supposer la méprise et la confusion ; il faudrait après des mentions aussi positives, des preuves bien claires, et le sieur Dorr avoue qu'il ne peut les fournir. Ajoutons encore que les numéros *de chacune des ventes* sont indiqués, et qu'il n'y a pas double emploi dans ces numéros.

Sur les troisième et quatrième questions.

Le comptable prétend que, pour les prix, il ne faut pas s'arrêter aux factures du sieur Marcus-Seiler, parce qu'il a été autorisé à vendre *comme il pourrait* ; et que, relativement aux quantités, il n'a pas reçu de draps au-delà de ceux par lui reconnus, que notamment il n'a jamais été consignataire des quatre-vingt-neuf pièces dont on a parlé dans le cours des débats.

Ces deux points ont à coup sûr de l'importance, mais principalement pour le sieur Marcus-Seiler, dont le plus grand intérêt consiste à se libérer envers le sieur Dorr, et à liquider d'une manière générale avec lui. Quant à nous, pourvu qu'il y ait dans les recettes avouées par le comptable, de quoi couvrir les dépenses légitimes qu'il a faites, nous ne devons pas aller au-delà. Et comme il nous paraît clairement démontré que ces recettes sont supérieures aux dépenses, nous pourrions nous abstenir de discuter des questions devenues inutiles à notre cause, sous certain rapport, nous en référant au besoin à la teneur de nos dires retenus dans le procès-verbal de M. le Conseiller-commissaire. Mais le sieur Dorr croirait peut-être que nous abandonnons la discussion, faute de moyens pour la soutenir, il ne manquerait pas d'en tirer avantage. C'est donc pour le désarmer, et sur-tout pour lui démontrer par des preuves irréfragables, l'inexactitude de ses assertions (nous pourrions dire *ses coupables réticences*), que nous allons entrer dans quelques détails qui n'ont pu trouver place au procès-verbal de M. le Conseiller-commissaire.

Dans l'impossibilité où l'on a été de *compulser* les registres du sieur Dorr, on s'est livré à l'opération suivante : le sieur Dorr ayant fourni des bordereaux de ventes, dans lesquels il a presque généralement porté les numéros des pièces de draps, on a comparé ces numéros avec ceux des six factures qui ont fait l'objet de si longs débats, afin de découvrir si dans les bordereaux de ventes ne se trouve-raient pas des numéros correspondant à quelques-uns de ceux indi-qués dans ces six factures. Dans le cas de l'affirmative, il y avait preuve évidente que le sieur Dorr avait reçu le montant des six factures en consignation, et non en transit, comme il le soutenait.

Cette opération ainsi limitée pouvait n'être pas complète, parce que les régimens ayant refusé dans quelques occasions certaines pièces de drap, le sieur Dorr aurait pu s'en prévaloir et nous dire : Telles et telles pièces *passées en transit* comme faisant partie des six factures, ont été refusées ; elles sont revenues à Marcus-Seiler, qui postérieure-ment me les a adressées en consignation ; le rapprochement que vous faites n'est donc pas concluant. Pour prévenir cette objection, nous avons dû nous mettre en situation de justifier que nombre de pièces n'étaient inscrites qu'une seule fois dans les différentes factures qui ont fait l'ob-jet de notre examen.

Pour faciliter les recherches et pour que la Cour pût en vérifier l'exactitude, nous avons apposé un numéro d'ordre, de 1 à 81, à chacune des pièces de draps portées aux six factures ; puis sur chaque bordereau dans lequel se retrouve le numéro correspondant de la pièce vendue, nous avons annoté le numéro de la facture, en marge de l'article vendu.

Voici le résultat de ce travail :

Les nos 1839, 1893, 1838, 229, 1861, 1858, 1860, 1872, 1844, 1848 et 1837, de la vente du 5 novembre 1819 faite à la di-rection de la douane, se retrouvent dans les six factures, sous les articles 29, 81, 62, 60, 67, 65, 58, 68, 66, 63 et 36. Ces numéros ne font partie d'aucune consignation postérieure à la date des six factures.

Les nos 1843, 1854 et 1870 de la même vente font aussi partie de ceux qui composent les six factures ; on les retrouve sous les articles

.25, 37 et 77. Mais ils existent aussi dans des factures postérieures : ainsi les n°s 1843 et 1854 se reproduisent dans la facture du 11 août 1820; le n° 1870, dans celle du 10 avril 1821.

Les n°s 1871, 222 et 228 de la vente du 21 décembre 1822, portés dans deux des six factures en question, sous les articles 71, 38 et 59, ne se retrouvent dans aucune des factures postérieures.

On peut en dire autant du n° 1849 de la vente du 25 février 1823. Voir la série des six factures, art. 28.

Les n°s 1799, 1759, 1760, 1851 de la vente du 21 décembre 1822, 1850, 1758, 1822 et 1894 de la vente du 25 février 1823, 1755 de la vente du 23 septembre 1824, qui font partie des six factures, sous les articles 2 et 75, 6, 7, 56, 52, 10, 39, 78 et 5, se repro- duisent dans des factures postérieures à la date de celles des six où on les trouve.

Concluons : si à l'égard de ces derniers numéros et de ceux qui se trouvent dans le même cas, le sieur Dorr peut dire qu'ils ne lui sont parvenus que parce que Marcus-Seiler les lui a donnés en consignation après les avoir inutilement expédiés ailleurs, il n'en est pas de même quant aux autres; en effet, s'ils n'ont été facturés que dans telle ou telle des six factures, c'est donc par l'envoi de ces factures qu'ils lui sont arrivés. Le sieur Dorr n'a donc pas accusé la vérité quand il a dit que les draps contenus dans ces six factures ne lui avaient été adressés qu'en transit. Si cela était, il ne les aurait pas eus à sa disposition, il n'aurait pu les vendre ; et dès-lors cependant qu'il est prouvé par ses bordereaux de vente et par les numéros y rappelés, qu'il en a vendu un certain nombre, il faut bien reconnaître qu'elles lui ont été con- signées.

On dira que nous indiquons un très-petit nombre de numéros, com- parativement à ceux qui composent les six factures. Sans doute, mais cela suffit pour prouver que le sieur Dorr a reçu des draps dont il di- sait n'être pas consignataire, et s'il a reçu les numéros par nous dési- gnés, il a reçu nécessairement les autres puisqu'ils faisaient partie des mêmes expéditions. Ce n'est pas notre faute à nous, si le sieur Dorr cache la vérité et ne nous met pas en situation de la découvrir toute entière.

———————

Après avoir établi les articles de recettes, extraits du compte du sieur Dorr, les sieurs Marcus et Baudouin ont déduit dans les articles 40 à 50 les divers forcemens dont la recette avouée était susceptible. Ces forcemens s'élèvent, comme on l'a vu, à 20,600 fr. 11 cent. A la fin de la séance du 19 mai, l'avoué des sieurs Marcus et Baudouin a déclaré qu'il se bornerait à interpeller le sieur Dorr de s'expliquer sur le bordereau par lui communiqué le 17 décembre 1824, dans lequel avaient été puisées les preuves de la demande en forcement.

A la séance du 20, le comptable a répondu que mal-à-propos ses adversaires considéraient ce bordereau comme un compte régulier, puisqu'il n'était qu'un état de situation approximative, pour convaincre la famille Marcus que l'actif de leur frère ne saurait couvrir son passif; qu'il ne fallait s'arrêter qu'au compte affirmé, qui était conforme au livre-journal de la maison Dorr. Puis s'occupant plus spécialement des articles 44 et 50 (ventes faites à Doynet, de la Rochelle), il a essayé de fournir quelques explications sur l'un et sur l'autre.

Quoi ! il ne faut s'arrêter qu'au seul compte affirmé, parce qu'il est entièrement conforme au livre-journal ! et il ne faut considérer le bordereau de 1824 que comme un état de situation approximative ! Mais que nous importe le livre-journal du sieur Dorr, s'il contient des inexactitudes et des erreurs qui se sont reproduites dans son compte affirmé ? Il ne s'agit pas ici d'une opération commerciale pour les sieurs Marcus et Baudouin, le sieur Dorr ne peut donc leur opposer ses registres (art. 1329 du Code civil, applicable par analogie). Nous avons contre lui l'aveu qui résulte du bordereau de 1824, et il ne suffit point pour infirmer cette preuve, de répondre que la pièce dont nous excipons n'est qu'un état approximatif : rien ne saurait justifier une semblable assertion ; en effet, on concevrait que l'on eût voulu indiquer *à peu près*, si l'on avait dit comme dans la note de 1823 et dans d'autres renseignemens, que la vente a fourni environ 30 à 37,000 fr.,

5

sans entrer dans aucun détail des ventes partielles, et dans cette hy—
pothèse, il n'y aurait rien eu de concluant contre le sieur Dorr, parce
que le mot *environ* supposait toujours compte à faire et réglement
final ; mais l'adversaire ne s'est pas borné à cela ; il a indiqué la date
des ventes, le nom des acheteurs, la quotité du produit de chaque
vente : où donc a-t-il puisé ces documens positifs ? Pourquoi aurait-
il fixé la vente du 5 novembre 1821, à 6105 fr. 65 cent., tandis
qu'elle n'eût été, comme il l'a prétendu plus tard et comme il le prétend encore aujourd'hui, que de 5,356 fr. 60 cent.? Il faut bien supposer qu'il y a eu erreur dans le livre-journal, que ce n'est point ce
livre qui a été consulté pour la rédaction du bordereau, et que l'on
avait sous les yeux des pièces qui indiquaient d'une manière positive
le prix des ventes. Si ces pièces ne sont pas représentées aujourd'hui,
ce n'est pas notre faute; nous ne les avons jamais eues à notre disposition, le sieur Dorr seul peut les avoir.

Cette partie des débats est importante ; car en récapitulant les différences article par article, on trouve que les ventes renseignées dans le
bordereau présentent sur les mêmes ventes reportées dans le compte de
1825, un excédant de 6000 fr.

Indépendamment des différences dans les prix des ventes, il y a eu
omission dans le compte affirmé, d'une somme de 2485 fr. 10 cent.
que l'on trouve dans le bordereau de 1824, pour vente faite à Doynet,
de la Rochelle. C'est l'objet de l'article 44 de notre chapitre de recettes. Le sieur Dorr se défend de la demande en forcement, en disant que *lors de la confection du bordereau, la vente à Doynet avait
bien été convenue, mais qu'elle avait été ensuite annullée, à cause de
la mauvaise qualité des marchandises dans l'intérieur.*

Une objection se présentait naturellement, elle a été faite au sieur
Dorr ; on lui a opposé que d'après le bordereau en question, la vente
à Doynet *avait eu lieu le 10 janvier* 1823 et que le payement avait été
fixé au 30 juin suivant, qu'il n'était guère probable que le marché eût
été annullé *long-temps après l'échéance*, que c'est cependant ce qu'il
faudrait admettre pour se prêter à l'idée du sieur Dorr.

Afin de ne pas laisser cette objection sans réponse, notre adversaire a cru pouvoir se permettre de dire que le bordereau avait été dressé à la hâte par un commis, qu'il ne l'avait pas vérifié, et que dès-lors il ne saurait *admettre la date donnée à l'article Doynet.* C'était assurément reconnaître la pertinence de l'objection, puisque le sieur Dorr n'a es—sayé de l'attaquer que dans son principe, c'est-à-dire, en récusant le fait qui lui servait de base. Mais il ne réussira jamais à persuader qu'il a laissé sortir de ses mains une pièce non vérifiée par lui, que celle dont il s'agit ait été faite tellement à la hâte que l'on ait commis une erreur sur la date de la vente.

Nous savons d'ailleurs que le sieur Dorr avait l'habitude de vendre à quatre ou à six mois de terme. Le paiement étant indiqué pour le 30 juin, il y a donc de bonnes raisons pour croire que la vente datait vé-ritablement du 10 janvier 1823.

C'est un commis, nous dit-on, qui a dressé le bordereau; soit: mais il a bien fallu qu'il trouvât quelque part la preuve de la vente; si elle avait été annullée, il en aurait trouvé aussi la mention sur les pièces mêmes qui attestaient la vente à ses yeux. L'absence de cette mention justifie, en dernière analyse, que la vente faite à Doynet (de l'aveu du sieur Dorr) n'a pas été résiliée. Elle a donc eu son effet, elle a été soldée indubitablement, puisque c'est en décembre 1824 que l'on en parle sans faire observer que le produit n'en est pas rentré, et dès-lors il faut bien en tenir compte à qui de droit.

Enfin, dans l'article 50, les sieurs Marcus et Baudouin ont signalé une autre vente faite le 13 août 1823 au même sieur Doynet, de la Ro-chelle, pour 12,372 fr. 58 cent., et dont il n'a été parlé nulle part, soit dans le bordereau de 1824, soit dans le compte de 1825. Ils en ont trouvé la preuve dans une facture *de la maison Dorr*, adressée par celle-ci au sieur Marcus-Seiler, pour lui faire connaître sans doute le nombre et les numéros des pièces que l'on venait de placer.

Le sieur Dorr a répondu *qu'un projet* de vente avait eu lieu entre sa maison et Doynet, que de suite il en a fait part à Marcus-Seiler *en lui adressant la facture* des pièces qui devaient faire l'objet de la vente,

5*

et en lui demandant si les prix offerts lui convenaient; qu'il était vrai aussi que Marcus-Seiler avait autorisé à faire au mieux de ses intérêts, mais qu'à l'arrivée de sa réponse il était trop tard, Doynet s'étant retiré.

Si les faits s'étaient passés de cette manière, ce n'est pas une facture qui aurait été adressée au sieur Marcus-Seiler, on ne lui aurait transmis qu'une note des prix offerts par l'acheteur; et du moment qu'on lui envoyait la facture, c'est que la vente était opérée et parfaite. Le sieur Dorr n'avait d'ailleurs pas l'habitude de consulter le sieur Marcus-Seiler; il se croyait beaucoup trop infaillible pour ne pas agir de son propre mouvement; il est donc impossible de croire à la version qu'il présente.

On a dit au surplus au sieur Dorr que si la vente dont on se prévalait n'était qu'un simple projet, il avait eu incontestablement à sa disposition les cent-dix-neuf pièces rappelées dans la facture et qu'il en devait compte. Il a cru répondre d'une manière satisfaisante en disant que depuis le 13 août 1823 (date de cette facture), il avait porté en recette le prix de plus de 150 pièces de drap, y comprises celles livrées à la demoiselle Calmus. Mais notre adversaire n'a pas réfléchi que ces dernières étant au nombre de cinquante-cinq, il n'en resterait de réellement vendues que quatre-vingt-quinze, ce qui ne fait pas cent-dix-neuf, et que par conséquent il ne s'est pas purgé de l'obligation qu'il avait de rendre compte des cent-dix-neuf pièces qui lui seraient restées, si la vente n'a pas eu de suite.

————

Débats sur les articles 51, 52 et 53. Dans la séance du 21 mai, le sieur Dorr s'expliquant sur la recette de 3140 fr. 30 cent. en principal, pour ventes de laines, a dit que les trois articles 51, 52 et 53 étaient portés dans le compte de 1825 pour un total pareil de 3140 fr., *mais que la maison Dorr seule ayant reçu, était seule aussi comptable de la somme.*

Lors de la séance du 22, il a ajouté qu'il ne fallait pas conclure de son aveu précédent, que les laines en question avaient été trouvées dans les magasins de Marcus-Seiler lors du pacte de famille, mais qu'il y avait lieu de penser qu'elles étaient le résidu des laines restées après que la fabrication eût cessé, laines achetées postérieurement au pacte de famille, avec l'argent de la maison Dorr.

Ainsi, deux objections sont faites contre notre demande qui tend à obtenir compte de trois recettes constantes :

1° Ce n'est pas le sieur Dorr qui est comptable, mais bien la maison Dorr.

2° Ce ne sont peut-être pas des laines provenant du bilan.

La première objection n'a plus besoin d'être réfutée. C'est chose faite depuis long-temps. Quant à la seconde, ce serait au sieur Dorr à la justifier avant que nous dussions y répondre, au lieu de se livrer à de simples conjectures. Toutefois nous fournirons nos preuves, et l'adversaire ne nous reprochera sans doute pas de nous jeter dans des raisonnemens inexacts, car nous lui opposerons, pour tous moyens, sa propre reconnaissance :

Que la Cour veuille bien se reporter aux *Notices et observations sur le bilan de* 1818, page 3.ᵉ, (on sait que c'est l'œuvre du sieur Dorr), elle y verra, après l'énumération des laines pour 17,000 fr., ce qui suit : « Partant, l'effectif réel ne se montait qu'à 120,000 fr. » environ. De cet actif, LE COMPTABLE *n'a eu à sa disposition que* » *les draps et quelques laines fines rongées par les insectes, dont il* » *porte le produit net en déduction de ses avances* ».

Cela est si concluant, qu'il est inutile de rien ajouter ; il résulte de cette déclaration, jusqu'à l'évidence, que le sieur Dorr a disposé des laines *restant du bilan*, et certes le prix de 3140 fr. n'est point assez exagéré pour qu'il soit susceptible de réduction.

———————

A la suite du prix des laines, il s'agissait des créances recouvrées par le sieur Dorr. On lui prouvait par son compte affirmé le 15 décembre 1825, qu'il avait recouvré en créances appartenant au sieur Marcus-Seiler, 22,614 fr. 22 cent., *et par son aveu contenu en*

Débats sur l'article 54.

son 2ᵉ *Mémoire*, signé Charpentier et Noizet, p. 37, *que dans cette somme il entrait des valeurs rappelées au bilan pour* 12274 *fr.* 58 *c.* Cela était décisif.

Pour essayer de prouver qu'il y avait erreur dans cet aveu (du moins nous présumons que tel a été son but), le sieur Dorr a fait l'énumération détaillée des sommes par lui reçues à valoir sur les ordonnances de paiemens et sur la créance Bing (rappelée au bilan, où elle figure pour 2000 fr.) Nous devons rapporter ici cette énumération, ce ne sera point peine perdue, car il en résultera au moins que s'il n'y a pas une recette de 12274 fr., il en existe une quelconque dont l'imputation doit se faire sur la dépense du comptable.

A l'égard de la créance Bing, a dit le sieur Dorr, en la séance du 21 mai, le livre-journal *de la maison Dorr* prouve qu'elle a reçu à la date du 29 mai 1819, de lui ou pour lui, 1845 fr. contre quittance finale de 2051 fr. 75 cent., à raison de l'état de faillite du débiteur, et le 21 octobre suivant, 64 fr. sur les frais du procès ;
total. . . . . 1909ᶠ »ᶜ

Mais qu'à la date du 9 octobre, elle avait payé à Mᵉ Rémond, pour frais judiciaires et frustratoires. 136 04

De manière qu'il n'est resté que. 1772 96

Le même journal justifie, par rapport aux créances sur le Gouvernement, que la maison Dorr a touché le montant des ordonnances ci-après, chez le payeur :

1º 12 août 1819, *pour solde de l'exercice* 1817, déduction faite de 15ᶠ 20ᶜ pour droits d'enregistrement. 1318 03
2º 16 août 1819, *sans indication d'exercice*. . . . . 6400 »
3º 18 septembre. . . . .*idem*. . . . . 300 »
4º 17 mars 1820, à-compte sur l'exercice 1819 . . . . 4799 25
5º 8 avril . . . . . *sans indication d'exercice*. . . . . 207 »
6º 28 septembre. . . . . *pour solde de l'exercice* 1819. . . . . 256 65
7º 11 octobre . . . . *sur l'exercice* 1820. . . . . 3899 »
8º Reçu du sieur Bodart 3414ᶠ 20ᶜ pour la créance du sieur Marcus-

17179 93

Report....	17179	9³

Seiler, de 3880ᶠ en principal, sur le 2ᵉ bataillon du train d'artillerie, transférée à 90 pour cent et déduction faite de 2 pour cent à titre de commission 3414 20

9° Enfin, 5 novembre 1821, pour solde des fournitures de 1819... 197 13

TOTAL........ 20791 26

Nous ne voyons pas trop comment le sieur Dorr peut induire de ces détails, qu'il n'a pu toucher 12274 fr. provenant des valeurs du bilan; car si dans les 20791 fr. 26 cent. il y a des paiemens pour les exercices de 1819 et 1820 (ce qui ne serait pas très-concluant, comme nous le verrons tout-à-l'heure), il est constant d'un autre côté, qu'il y a des paiemens sans indication d'exercices, et que l'on peut dès-lors imputer sur telle année (1817 ou 1818) aussi bien que sur telle autre; il est constant enfin qu'il y a des créances qui ne pouvaient avoir que des causes antérieures au pacte de famille; ainsi:

Le recouvrement de la créance Bing est de.................. 1772ᶠ 96ᶜ

L'art. 1ᵉʳ des paiemens sur ordonnances, *pour solde de l'exercice* 1817, est de... 1318 03

L'art. 2, *sans indication d'exercice*....................... 6400 »

Art. 3, *idem*.. 300 »

Art. 5, *idem*... 207 »

Art. 8, qui ne peut avoir pour cause qu'un arriéré, puisque la somme a été payée en rentes............................... 3414 20

Total des recouvremens qui n'ont pas été faits à valoir sur les exercices 1819 et 1820................................ 13412 19

Le sieur Dorr ne se trompait donc pas lorsqu'il annonçait en 1827, qu'il avait touché sur les valeurs rappelées au bilan, 12274 fr. Il y avait en effet possibilité.

Mais quand même il y aurait preuve que le sieur Marcus—Seiler a personnellement touché quelque chose des créances du bilan, et que par conséquent le sieur Dorr a dû toucher d'autant moins sur le total de 14000 fr., le sieur Dorr ne pouvait-il pas se croire comptable d'une partie de ce qu'il aurait touché *sur l'exercice de* 1819, comme provenant des fournitures faites avec les draps de la fabrication de 1818? Par exemple, il a été convenu, dans le cours des débats (séance du 7 mai), que le sieur Marcus-Seiler avait retiré 17 pièces de drap consignées *à la maison Dorr*, pour les envoyer à un régiment. Or ces 17 pièces portent des numéros de fabrication antérieure au pacte de famille. Il est donc juste de reconnaître que le prix de ces 17 pièces, compris dans une ordonnance de paiement, était une valeur provenant de l'actif porté au bilan. L'imputation faite dans certaines ordonnances, sur tel ou tel exercice, ne prouverait donc pas que le sieur Dorr n'en doit pas compte à valoir sur les dépenses du cautionnement.

Enfin, mettons le sieur Dorr dans la position la plus favorable; ne comptons aucun des mandats qui portent sur 1819 et 1820, ni aucun de ceux même qui ne mentionnent pas d'imputation sur une année plutôt que sur l'autre; ne prenons sur les articles qui précèdent que ce qui évidemment ne peut appartenir qu'au bilan tout seul, et il sera du moins justifié par les aveux du sieur Dorr qu'il se trouve couvert par les valeurs suivantes :

Recouvrement sur la faillite Bing.................. 1772^f 96^c
Solde de l'exercice 1817...................... 1318 03
Vente de la créance arriérée et payée en rentes, pour les fournitures au 2e bataillon du train (1)........... 3414 20

TOTAL à porter en recette..... 6505 19

A la séance du 23 mai, le sieur Dorr a avoué que *sa maison* (et selon nous, sa maison *c'est lui*) avait reçu, par l'entremise du sieur

(1) Nous ne faisons point sur cet article, la déduction de 209^f 52^c pour retenue opérée par le Gouvernement, parce que cette retenue n'est pas justifiée, ni même vraisemblable.

Job, d'Anoux, les 407 fr. 55 cent. rappelés en l'article 55, pour vente des métiers de Mercy-le-Bas.

Comme l'immeuble de Mercy-le-Bas était compté dans le bilan, au nombre des valeurs que l'on présentait à la famille Marcus pour garantie du cautionnement qu'elle allait prêter, il est juste que le prix des métiers qui en dépendaient et qui constituaient l'établissement, soit porté en déduction et à valoir sur les dépenses occasionnées par ce cautionnement.

———

Dans la même séance du 23 mai, l'on est occupé de la réclamation des sieurs Marcus et Baudouin, au sujet de la somme de 3200 fr. en principal, touchée par le sieur Dorr sur le prix de l'immeuble même de Mercy-le-Bas. Le comptable n'a point nié cette perception, mais voici comment il l'a expliquée : *la maison Dorr* était créancière du sieur Marcus-Seiler, à l'époque du traité de famille, de 5571 fr. 61 c. de principal. En 1826, l'établissement de Mercy-le-Bas, ayant été vendu pour 6200 fr., 3000 en ont été payés à Me Berga, en déduction de sa créance sur le vendeur. La maison Dorr ayant obtenu jugement pour ses 5571 fr. 61 cent., prit inscription et formalisa ensuite contre l'acquéreur une saisie-arrêt par suite de laquelle elle a reçu les 3200 fr restant dûs sur le prix principal, et 159 fr. d'intérêts, déduction faite des frais de saisie. Compte en est rendu à Marcus-Seiler, mais à lui tout seul. Et pourquoi donc la maison Dorr abandonnerait-elle aux sieurs Marcus et Baudouin ce qui est le gage de sa créance ? Elle n'a renoncé à ses droits contre Marcus-Seiler, dans l'intérêt de ces derniers, ni implicitement ni explicitement.

Le sieur Dorr met toujours en avant *sa maison* ; mais dans la réalité, toutes les fois qu'il s'est agi des intérêts de Marcus-Seiler, *la maison Dorr*, c'étoit le sieur Dorr lui-même. Intéressé dans la société pour la plus forte partie, chef de la famille, directeur de toutes les opérations, il n'est douteux pour personne que tout ce qui s'est passé, n'ait été dicté par lui ; aussi dans son premier mémoire qui est son

Débats sur l'article 56.

6

propre ouvrage, et qui est signé par lui, dit-il, page 7 : *MA créance de* 1814, *NON GARANTIE* (qu'il élève mal-à–propos à 8000 fr..) Il est donc vrai que le sieur Dorr et la maison Dorr se confondaient toujours.

Voyons quelles sont les conséquences de ces faits :

Lorsqu'en 1818, on convint de prévenir les poursuites dont le sieur Marcus–Seiler était menacé, il fut bien entendu que ceux des mem-bres de la famille qui étaient créanciers, n'exigeraient rien de ce qui leur était dû qu'après l'entier acquittement des dettes *étrangères*. Le beau-père du débiteur, créancier d'une somme très-importante, se sou-mit expressément à cette condition ; quant aux autres, on le répète, ils comprirent tous fort bien que la même condition leur était virtuelle-ment imposée par le traité. L'état des dettes *étrangères* fut dressé, et il a cela de particulier que la créance *de la maison Dorr* n'y fut point portée. Cette omission de la part du sieur Dorr prouve évidem-ment qu'il n'entendait rien réclamer tant que le sieur Marcus–Seiler serait dans cette position défavorable et qu'il n'aurait point préalable-blement satisfait les créanciers non parens.

Une autre considération frappera la Cour : il a été convenu dans le traité du 16 novembre 1818, que la fabrique de Mercy–le–Bas, se-rait incessamment vendue. A coup sûr, il n'entrait dans la pensée de personne que le prix de la vente tournerait en tout ou en partie au pro-fit du sieur Dorr (comme intéressé dans la maison Dorr) ; celui-ci n'au-rait pas osé le stipuler, et ses beaux–frères n'y auraient pas consenti, tant parce qu'il était plus urgent de payer les étrangers, que parce que s'il était question de payer les dettes contractées envers les mem-bres de la famille, les sieurs Marcus, créanciers comme le sieur Dorr, avaient autant de droits que celui-ci. La vente de Mercy–le–Bas ne pouvait donc tourner qu'au profit du cautionnement et devait dégré-ver les cautions jusqu'à due concurrence. D'un autre côté, le sieur Dorr était mandataire, il avait provoqué et accepté le mandat de ses beaux–frères, pour agir dans l'intérêt commun. Ne répugne-t-il pas dès–lors de penser qu'il aurait pu améliorer sa condition au détriment de celle des autres ?

Si cependant, malgré l'évidence des faits, l'adversaire persiste à dire qu'il ne s'est pas lié quant à la créance de la maison Dorr, que cette créance échue est restée exigible, et que rien n'empêchait la maison sociale de s'en couvrir, nous objecterons au sieur Dorr qu'il a fait deux sortes de recouvremens : les uns avaient pour objet les valeurs rappelées au bilan, et applicables dès-lors aux créances cautionnées; les autres étaient étrangers à ces valeurs. Ne nous occupons pour le moment que de ces derniers ; nous supposons qu'ils étaient naturellement destinés à couvrir le sieur Dorr de ses avances en dehors du cautionnement. Mais ces avances étaient elles-mêmes de deux sortes, savoir : avances antérieures au 16 novembre 1818, et celles postérieures. Les avances antérieures, c'étaient les 5571 fr., dont l'adversaire se prétend créancier ; nous connoissons ainsi la dette la plus ancienne. Or, d'après les règles relatives à l'imputation, les premiers recouvremens ayant dû s'appliquer à la dette la plus ancienne, ils ont payé ces 5571 fr. ; et par conséquent, dans le système même du sieur Dorr, la saisie arrêt qui lui a fait obtenir les 3200 fr. du prix de Mercy-le-Bas, n'avait plus de cause, la dette sur laquelle on l'a motivée ayant cessé d'exister.

Que faut-il en conclure définitivement? Que le sieur Dorr qui a touché, doit faire l'imputation de la somme sur les dépenses que le cautionnement a nécessitées, car il est impossible de ne pas reconnaître à la lecture du traité du 16 novembre 1818, que telle a été la volonté de tous les contractans.

La réclamation relative aux 3200 fr. du prix de Mercy—le—Bas, a donné l'occasion d'en élever une semblable, relativement au prix de Varize. Les sieurs Marcus et Baudouin avaient su qu'après le prélévement d'une somme suffisante pour payer M. François—Gabriel Simon, sur le produit de la vente de cet immeuble, il restait 4 à 5000 fr. dont le sieur Dorr avait trouvé moyen de s'emparer ; ils ont en conséquence demandé qu'il fut tenu d'en faire l'imputation sur les dépenses relatives au cautionnement. Leur demande est consignée dans le procès-verbal de M. le Conseiller-commissaire.

L'adversaire a répondu que le sieur Marcus-Seiler, en 1818, de—

Article additionnel relatif au reliquat du prix de Varize, touché par le sieur Dorr.

vait de 17 à 18,000 fr. à des ouvriers et fournisseurs qui avaient tra-
vaillé à l'édification de l'immeuble de Varize ; que la maison Dorr
ayant payé ces ouvriers et fournisseurs, elle avait bien le droit de s'indemniser en retenant les 4 à 5000 fr. par elle reçus du prix de la
vente.

Rien ne prouve cependant que le sieur Dorr ait payé des ouvriers
et fournisseurs jusqu'à concurrence de 17 à 18,000 fr., pas même jusqu'à concurrence de 4 à 5000 fr. La prétention n'est donc pas fondée en fait. Mais supposons que l'assertion de l'adversaire soit exacte,
faudrait-il en conclure que sa prétendue compensation doit avoir lieu?
Non sans doute, car la valeur de Varize a été portée dans le bilan,
elle a été ainsi déclarée et reconnue par le sieur Dorr lui-même, partie intégrante des valeurs affectées spécialement à la garantie du cautionnement. Et comment admettre dans cet état des choses, que le
sieur Dorr ou la maison Dorr en la personne de son chef, puisse aujourd'hui réclamer un droit de préférence, lorsqu'à son vu et su, *et
par son propre fait* (puisqu'il est l'auteur de la convention de 1818)
cette préférence a été assurée aux cautions ? En contraignant l'adversaire à compter de la partie du prix qu'il a touché sur Varize, on ne
fera que se conformer à l'arrêt de la Cour, qui lui ordonne de porter
en recette *toutes les sommes et valeurs résultant de l'actif déclaré
par Marcus-Seiler, le 16 novembre 1818, que les appelans ont perçues, etc.*

La même réflexion s'applique au prix de Mercy-le-Bas.

Les articles de la recette étant épuisés, nous passons à la dépense.

DÉPENSE.

Sur les vingt-deux articles de dépense, quinze ont été alloués ; ils
s'élèvent en principal et en intérêts à 48,999 fr. 28 cent. ; en voici le
détail, pour faciliter la vérification du résultat :

Articles alloués.

Art. 1er.	En principal	2300f	0c }	3045f 90c
	En intérêts	745	90 }	
Art. 3.	Principal	1200	40 }	1557 23
	Intérêts	356	83 }	
				4603 13

					Report...	4603ᶠ	13ᶜ
Art.	4.	Principal...........................	2530	»	} 3252	10	
		Intérêts...........................	722	10			
Art.	6.	Principal...........................	2021	33	} 2602	38	
		Intérêts...........................	581	05			
Art.	7.	Principal...........................	1700	»	} 2162	07	
		Intérêts...........................	462	07			
Art.	8.	Principal...........................	50	»	} 63	29	
		Intérêts...........................	13	29			
Art.	9.	Principal...........................	979	»	} 1238	02	
		Intérêts...........................	259	02			
Art.	10.	Principal...........................	5000	»	} 6311	80	
		Intérêts...........................	1311	80			
Art.	12.	Principal...........................	2581	»	} 3265	74	
		Intérêts...........................	684	74			
Art.	13.	Principal...........................	370	60	} 462	83	
		Intérêts...........................	92	23			
Art.	14.	Principal...........................	9900	»	} 12018	87	
		Intérêts...........................	2118	87			
Art.	17.	Principal...........................	214	85	} 233	42	
		Intérêts...........................	18	57			
Art.	19.	Principal...........................	400	»	} 403	38	
		Intérêts...........................	3	38			
Art.	20.	Principal...........................	9375	»	} 12319	»	
		Intérêts...........................	2944	»			
Art.	22.	Principal...........................	50	»	} 63	25	
		Intérêts...........................	13	25			

TOTAL pareil...... 48999 28

Articles contestés.
Art. 2 et 5.
(Miraut, de Nancy.)

Les articles deux et cinq du chapitre de dépenses du sieur Dorr, mentionnent deux paiemens faits au sieur Miraut, l'un de 1000 fr. de principal, dont les intérêts s'élèvent à 298 fr. 88 cent. (Total 1298 fr. 88 c.); et l'autre, de pareille somme capitale de 1000 fr. (Total avec les intérêts, 1273 fr. 75 cent.). Ces deux articles ont été contestés (séance du 24 mai) : nous avons dit qu'à la vérité le sieur Miraut avait été porté au bilan pour 2400 fr. de principal; mais que le sieur Marcus-Seiler qui avait souscrit, le 20 novembre 1818, indépendamment de cette première obligation, trois autres billets de mille francs chacun, aux échéances des 20 février, 20 mai et 20 novembre 1819, s'était acquitté lui-même des 2400 fr. en question et du premier des trois billets dont nous venons de parler, ainsi que cela résultait de ses li-vres, et notamment du livre-journal; qu'il était possible que le rendant-compte eût payé les deux autres billets, mais qu'il n'avait pour raison de ce, aucune espèce de recours contre les oyans, les billets du 20 novembre 1818 *n'ayant pas été cautionnés par eux.*

Le sieur Dorr a répondu : j'étais autorisé à cautionner et par con-séquent à payer 2400 fr., je n'en ai payé que 2000, vous n'avez pas à vous plaindre.

Cette réponse est une véritable dérision; en admettant un pareil système, l'adversaire pourrait aller jusqu'à dire : vous m'avez autorisé à cautionner et à payer 106,600 fr., en me désignant les dettes *qui existaient* et qu'il s'agissait d'éteindre; j'ai payé 100,000 fr.; ce ne sont pas, il est vrai, les mêmes dettes, mais qu'importe? vous y ga-gnez encore 6600 fr. Le sieur Dorr sera sans doute le premier à se ré-crier; il trouvera cette prétention ridicule, il s'indignera de ce que l'on ose lui prêter une semblable idée, il aura bien raison et nous allons le prouver; mais la prétention que nous attaquons dans ce moment n'est pas moins ridicule, il n'y a de différence que dans les proportions ou dans les chiffres :

Déjà l'adversaire avait soutenu quelque chose de semblable devant la Cour, en 1827, à propos de la créance d'un sieur François d'Ugny, qui n'est pas indiquée au bilan. Nous avons été dans la nécessité de nous défendre; mais la défense était facile; il nous a suffi de rappeler le traité du 16 novembre 1818, « Et avant de signer, il a été con-venu *que la famille Marcus n'entend s'engager que pour les dettes passives étrangères, portées au bilan ci-contre, etc.* »; nous avons rappelé aussi les termes de la procuration donnée le 29 janvier 1819, au sieur Dorr : « En conformité du traité du 16 novembre 1818,..... les soussignés déclarent autoriser M. Dorr, leur beau-frère, à se cau-tionner. ... *à la condition* que les sommes cautionnées ne pourront être exigées que..... (dans tel délai) *et cependant dans le cas où le sieur Marcus-Seiler ne pourrait pas satisfaire à ses engagemens pour des cas imprévus* ».

Ces stipulations et réserves si formelles ont frappé l'attention de la Cour, et l'on peut juger, à la vue des deux premiers motifs de l'arrêt (voyez page 3), si la prétention du sieur Dorr est soutenable. Le principe en effet, se trouve positivement décidé, il ne s'agit plus que de l'appliquer : or, comme il est certain que la dette de 2400 fr. portée au bilan, a été payée par Marcus—Seiler lui-même, et que le sieur Dorr n'a pu, en vertu de sa procuration, engager les sieurs Marcus et Baudouin pour des billets souscrits depuis le traité, il n'y a pas de doute qu'il ne doive échouer en ce qui touche les articles 2 et 5.

Le sieur Dorr porte à l'article 11 de sa dépense, 1050 fr. de principal, payés *par la maison Dorr frères*, à un sieur François d'Ugny, plus 267 fr. 01 cent. d'intérêts. (Total 1317 fr. 01 cent.)

Les sieurs Marcus et Baudouin rejettent cette dépense, parce que François d'Ugny ne figure pas au bilan, parce que d'ailleurs il ne pouvait y figurer, attendu que le titre produit par le rendant—compte, portant la date du 18 février 1819, est postérieur à la convention du 16 novembre.

A ces raisons péremptoires, l'adversaire objecte que la créance de François d'Ugny était préexistante, que seulement il a été souscrit un nouveau billet, le 18 février 1819, pour extinction de cette créance, et que dès-lors il n'a pas dû hésiter à s'en rendre caution; que la première minute du bilan comprenait les 1000 fr. dûs à cette époque au sieur François, que s'il n'en est pas de même de celui annexé à la convention, c'est par une erreur du copiste; mais que cette erreur pouvait d'autant moins nuire au comptable, qu'en distrayant la somme de 1000 fr., il n'y aurait pour résultat total des dettes portées au bilan, que 105,500 fr., tandis que le total indiqué est de 106,600 fr., et que les sieurs Marcus et Baudouin se sont soumis à payer 106,600 fr.

Non les sieurs Marcus et Baudouin ne sont pas obligés pour 106,600 fr. déterminément, mais pour le total des dettes à eux indiquées, article par article et que, sans vérification de chiffres, ils ont cru s'élever à

106,600 fr., alors qu'elles ne s'élevaient qu'à 105,600 fr. Le passage ci-dessus rappelé du pacte de famille, prouve qu'ils n'ont entendu s'engager que pour les dettes passives *portées au bilan*, et la Cour a ainsi interprêté leur engagement.

Vouloir qu'ils payent toutes les dettes possibles, pourvu qu'on ne leur réclame pas au-delà de 106600 fr., c'est vouloir quelque chose au-delà du cautionnement.

Mais alors il serait juste que l'adversaire tint compte de valeurs qu'il a recouvrées et qui existaient dans l'actif du sieur Marcus-Seiler, bien qu'elles n'aient pas été portées dans le bilan. Par exemple, le sieur Dorr a reçu, le 3 février 1821 (voyez l'article ainsi daté de son compte judiciaire présenté en 1825) 497 fr. 57 cent., pour produit net de la créance du sieur Marcus-Seiler, *emprunt de 100 millions*. Il n'est personne qui ne sache que l'emprunt de 100 millions date de 1815, qu'ainsi le droit au remboursement est de beaucoup antérieur à la convention; cependant il n'en a pas été parlé dans le bilan. En suivant le système du sieur Dorr, il faudrait rectifier cette omission tout aussi bien que celle relative à la dette François d'Uguy, et cependant il ne fait pas état des 497 fr. dont il s'agit !

Art. 15 et 21.
(Me Berga.)

La maison Dorr a-t-elle payé à Me Berga 7000 fr. d'une part, et 16,410 fr. d'autre part? Le sieur Dorr est-il fondé à porter ces deux sommes en dépense?

A la séance du 4 juin, on lui a répondu qu'à la vérité Me Berga figurait au bilan comme créancier de 20,000 fr., qu'il avait pour obligés solidaires, le sieur Marcus-Seiler et son épouse, qu'il avait été entièrement payé, mais que ce n'était pas avec les deniers du sieur Dorr, puisque le contraire résultait des pièces mêmes produites par l'adversaire, qui justifient que le paiement a été effectué par le sieur Seiler fils.

Le sieur Dorr n'a pu disconvenir de ces derniers faits; il a donc cherché à soutenir qu'il n'en devait pas moins *être censé avoir fait l'avance des sommes affectées au paiement*, attendu que ce paiement n'avait eu lieu qu'avec l'argent de madame Marcus-Seiler, argent destiné à l'entretien du ménage de celle-ci ; et qu'en l'absence de ce qui devait servir à cet usage, il a été obligé, lui Dorr, d'y suppléer par ses propres fonds, afin de faire exister la famille. Ce système est au surplus développé dans son deuxième Mémoire signé Charpentier, page 34.

Déjà nous avions combattu une prétention aussi extraordinaire, et nous supplions la Cour de vouloir bien se reporter aux pages 7, 8, 9 et 10 de nos observations imprimées et signées Parant ; elle y trouvera tous les développemens nécessaires, dans le cas où les preuves que nous allons opposer au sieur Dorr ne suffiraient pas à elles seules pour repousser sa demande :

1° Le sieur Dorr n'était autorisé à payer les dettes garanties par le cautionnement, *que dans le cas où le sieur Marcus-Seiler ne payerait pas lui-même.* (Tels sont les termes de la procuration du 29 janvier 1819). Assurément, il n'était pas possible qu'aucune créance inspirât aux sieurs Marcus et Baudouin, moins d'inquiétude que celle de Me. Berga, puisqu'elle était garantie par l'engagement solidaire de la dame Marcus et que celle — ci avait des ressources. Pourquoi donc le sieur Dorr aurait—il payé, lorsque les débiteurs étaient à même de le faire?

2° Il prétend profiter du paiement fait par le sieur Seiler fils, *avec des deniers appartenant à la dame Marcus-Seiler,* parce que, dit—il, ces deniers devaient alimenter et soutenir le ménage, et qu'il a été obligé d'y suppléer. Cette prétention inouïe, renferme une double erreur ; car d'un autre côté, rien ne justifie que le sieur Dorr ait fourni des alimens à la famille du débiteur ; et dans la réalité, il n'en a *jamais* fourni, nous le savons pertinemment ; d'un autre côté rien ne prouve non plus que le dividende de madame Marcus—Seiler dans la verrerie de Saint—Louis, ait été regardé par les parties contractantes, comme affecté spécialement aux besoins du ménage. Le contraire a été dit par le sieur Dorr lui—même à une autre époque ; *les notions et observations sur le bilan de 1818,* qui sont l'ouvrage de l'adversaire et que nous lui avons opposées plus d'une fois, contiennent l'aveu suivant, page 2 : « *Le comptable* ne pense pas qu'il soit dans l'intérêt bien

7

» entendu de la famille Marcus, de forcer MM. Seiler, à verser les
» quatre dividendes dus, 1° parce qu'il faudrait exposer de grands
» frais pour l'enregistrement de la convention de 1818; 2° *parce que*
» *madame Marcus recevant ces fonds, devra naturellement les faire*
» *servir à éteindre les dettes cautionnées par elle à M° Berga* ». Voilà
qui est positif, et il ne pouvait en être autrement, parce que le dividende pour l'action de la dame Marcus—Seiler, dans la verrerie, était
assez important pour la mettre en situation de payer.

3° En payant comme caution, le sieurs Marcus et Baudouin avaient
nécessairement un recours, et contre qui? contre la dame Marcus et
contre son mari. Mais lorsqu'ils viendraient s'adresser à la partie
la plus solvable, c'est-à-dire, à la dame Marcus, celle-ci ne serait-
elle pas fondée à leur objecter *qu'elle a payé, que dès-lors la dette a*
été irrévocablement éteinte, et qu'on ne saurait la faire revivre sous
le prétexte d'une subrogation devenue impraticable ? Assurément
cette objection serait sans réplique; et la prévoir, c'est démontrer l'ab-
surdité de la prétention actuelle du sieur Dorr.

4° Dans sa lettre du 15 janvier 1825, l'adversaire annonçait le paiement de 7000 fr., *fait par la famille Seiler*, le 2 novembre 1821;
il ne songeait pas à ajouter que ce paiement serait compté pour rien et
qu'il ne profiterait ni directement, ni indirectement à la famille Marcus.

5° Enfin, en résistant à la prétention du sieur Dorr, nous nous
maintenons dans les termes de l'arrêt de la Cour : le comptable ne
doit porter en dépense *que les sommes qu'il a réellement payées.* Or,
quand on lui demande s'il a payé M° Berga, il est forcé de convenir
que c'est la famille Seiler, avec les deniers provenant de ce dividende,
que lui-même regardait comme affecté au paiement de la dette dont
il s'agit. Concluons donc que sa prétention doit être rejetée.

En voilà beaucoup sur une question aussi simple. L'importance
des sommes peut seule justifier la longueur des observations que nous
venons de déduire et de celles déjà consignées dans un précédent imprimé.

La créance de M. l'abbé Renauld, a fait l'objet de deux articles de dépense, dans le compte du sieur Dorr : à l'article 16, qui est l'objet du présent débat, le comptable porte un paiement de 600 fr. en principal, et à l'article 19, un autre paiement, de 400 fr. Total égal à celui qui est mentionné au bilan, 1000 fr.

On passe au sieur Dorr, 400 fr., mais on rejette les 600 fr. de l'article 16, parce qu'il résulte des registres du sieur Marcus-Seiler (registre de caisse et livre-journal) que c'est ce dernier qui a payé lui-même, le 22 mars 1823, les 600 fr. en question et dont il a au surplus *la quittance.* Que le billet se trouve entre les mains du sieur Dorr, cela se conçoit, parce que le créancier le lui a remis au moment où il recevait de lui le complément de sa créance, mais cela ne prouve nullement que le sieur Dorr ait payé au-delà de 400 fr.

Aussi ne prétend-il point avoir lui-même remis les 600 fr. à l'abbé Renauld, mais il allègue qu'il les a envoyés à Marcus-Seiler pour qu'il les fît tenir au créancier ; dans son mémoire imprimé (signé Charpentier), il a dit page 35, que cet envoi avait eu lieu le 10 février 1823.

Si cette version était vraie, il resterait quelques traces du fait allégué ; et cependant on ne trouve dans le compte signifié en décembre 1825, qui est le relevé des livres *de la maison Dorr*, aucune annotation d'un versement de 600 fr., ni à la date du 10 février, ni à celle du 22 mars 1823, ni à aucune époque intermédiaire ; d'où nous pouvons conclure que les livres sont muets à cet égard et que l'avance des 600 fr. est imaginaire.

Il faut donc rejeter l'article 16 ; ce ne sera pas seulement à cause de l'absence des preuves que devrait fournir le comptable, mais sur-tout à cause des preuves contraires que nous puisons dans la quittance produite par le sieur Marcus-Seiler.

Le dernier article contesté est relatif au paiement que la *maison Dorr* aurait fait à la demoiselle Calmus, d'une somme principale de 5645 fr. C'est le 18e de la dépense. Il a été débattu dans la séance du 5 Juin.

Art. 16. (L'abbé Renauld.)

Art. 18. (Demoiselle Calmus)

7*

Nous avons dit au sieur Dorr : la demoiselle Calmus a été effectivement payée jusqu'à concurrence de la somme indiquée, mais en quelles
valeurs ? Elle a bien voulu se contenter d'une forte partie de drap ;
elle a pris cinquante-cinq pièces en paiement, *la maison Dorr* n'a
donc rien déboursé.

L'adversaire croit-il avoir répondu à cet argument, en soutenant
que les draps livrés à la demoiselle Calmus étaient d'une fabrication
postérieure au pacte de famille, que tous les produits de cette fabrication devaient s'appliquer aux avances nouvelles de la maison
Dorr, et qu'enfin s'il lui a plu de donner ces draps en paiement au
lieu de les vendre pour compter ensuite de l'argent à la demoiselle
Calmus, cela ne doit rien changer à la position du comptable?

D'abord il se trompe en alléguant que les draps étaient d'une fabrication postérieure au traité de famille, le contraire sera justifié
quand il plaira au sieur Dorr de faire connaître les numéros des pièces
qu'il a données en paiement.

Ensuite, il importe peu d'examiner si ces pièces proviennent de
telle ou telle fabrication ; car elles étaient dans toute hypothèse possible, la propriété du sieur Marcus-Seiler, et sa propriété libre sans
privilége ni affectation spéciale au profit des avances du sieur Dorr.
Ainsi quand ce dernier les a remises à la demoiselle Calmus, au nom
et en l'acquit du sieur Marcus-Seiler, *dont il gérait les affaires en
vertu d'une procuration authentique* (celle du 25 juin 1819), il a
payé avec la chose du débiteur lui-même ; celui-ci a été censé payer
personnellement.

Dès-lors donc se représentent les moyens que nous avons déjà déduits à l'occasion des autres paiemens, savoir : la condition imposée
au sieur Dorr de ne payer que dans le cas où Marcus — Seiler ne
payerait pas, et la disposition de l'arrêt qui l'autorise à compter seulement *les sommes qu'il a réellement déboursées*.

Article pour mé-
moire (concernant
encore la demoiselle
Calmus.)

Après la discussion relative au paiement de l'à—compte de 5645 fr.
fait à la demoiselle Calmus, le sieur Dorr fit observer que lors du
commencement de l'instance, il restait dû à celle-ci 9548 fr. 40 cent.,

intérêts compris jusqu'au 3o juin 1827 ; il ajouta qu'il avait payé de-—
puis lors, 3182 fr. pour le 6ᵉ à sa charge dans le cautionnement et
pour le 6ᵉ du sieur Marcus de Pontigny, et demanda enfin qu'on lui
procurât décharge de la garantie qu'il avait contractée au nom de
tous.

Les sieurs Marcus et Baudouin ont répondu que lors de la révocation de tous pouvoirs, qui avait été notifiée par eux au sieur Dorr,
il n'y avait ni garantie ni cautionnement fournis par ce dernier ; qu'il en
était de même encore à l'époque de la demande ; que si postérieurement,
le sieur Dorr s'était constitué caution, il n'avait pu le faire utilement
qu'en antidatant son obligation, et par conséquent au moyen d'un
concert frauduleux entre lui et la demoiselle Calmus.

Pressé par cette objection, l'adversaire a répliqué que la garantie
par lui donnée *était verbale*, que sa parole valant un écrit, la créancière n'avait point exigé de signature, mais que la promesse avait été
faite avant la révocation des pouvoirs.

Nous n'en persistons pas moins à prétendre que la demande à fins
de décharge du cautionnement est mal fondée ; deux motifs doivent
la faire rejeter, sauf bien entendu toutes réserves, le cas échéant.

1° Le sieur Dorr, quoiqu'il en dise, n'a pas cautionné, même
verbalement, la demoiselle Calmus. Pour justifier son allégation, il
en fait une autre ; il avance qu'il a payé 3182 fr. pour son 6ᵉ et pour
celui du sieur Marcus de Pontigny, ce qu'il n'aurait point fait s'il n'y
eût été obligé par sa promesse ; mais le sieur Dorr s'est entendu avec
la demoiselle Calmus, et lui a demandé une quittance de deux sixièmes en lui faisant entrevoir que ce serait le moyen d'être payée par la
famille Marcus des quatre sixièmes d'une créance qu'elle ne pouvait
espérer de récupérer contre le sieur Marcus-Seiler, débiteur insol-
vable. La quittance toute récente de la demoiselle Calmus ne prouve
donc rien.

Voici au surplus quelles sont nos raisons de douter de la préten-—
due garantie, et la Cour jugera si elles ont dû nous autoriser à supposer que le sieur Dorr s'est entendu avec la demoiselle Calmus :

celle-ci, interpellée par un membre de la famille tout récemment, n'a pas osé dire que le sieur Dorr lui eût donné aucune garantie, soit en son nom, soit en celui de ses beaux-frères (et l'on sait que le pouvoir était révoqué avant le procès). D'ailleurs elle a montré son titre, au dos duquel on a vu qu'au moyen de l'à-compte de 5645 fr. payé en drap, elle s'interdisait toute réclamation contre le sieur Marcus-Seiler jusqu'après liquidation des autres créances. Le sieur Dorr serait donc parvenu à la lier (il s'en est vanté au surplus); et comment croire qu'après l'avoir mise dans cette position, il ait eu la bonhommie de se rendre caution? Cela n'était plus nécessaire. Nous n'avons point le titre pour justifier de la teneur de l'annotation qui s'y trouve, mais nous avons en notre faveur la vraisemblance, puisque la demoiselle Calmus, créancière, a gardé le silence jusqu'à présent.

Dans tous les cas, les faits que nous articulons positivement méri-teraient au moins d'être éclaircis, par rapport à ce prétendu caution-nement, et ils ne pourront l'être que contradictoirement avec la demoi-selle Calmus ; il y aurait donc lieu à faire des réserves tout simplement, sauf à statuer plus tard sur cet objet de la discussion.

2° Que signifie d'ailleurs cette demande à fins de décharge du cau-tionnement? Elle est prétextée sans doute par l'art. 2032 du code civil, mais cet article n'engendre d'action que de la caution au débiteur; ainsi le sieur Marcus-Seiler pourrait être actionné par le sieur Dorr, telle est la conséquence de la loi en cette matière.

Quant aux sieurs Marcus et Baudouin, ils n'ont à consulter dans leurs rapports avec leur adversaire actuel, que les règles relatives au mandat : Or il n'y a pas une disposition du Code sur le mandat, qui autorise le mandataire à agir contre ses mandans pour les contraindre à lui rapporter décharge d'une obligation contractée *en sa qualité* ; et cela ne saurait être : en effet, pour ne pas citer d'exemples étrangers au procès actuel, le sieur Dorr (s'il a réellement contracté envers la demoiselle Calmus) a dû lui donner connaissance suffisante de ses pou-voirs (et dans tous les cas il pourra un jour l'aider de sa procuration); eh! bien la demoiselle Calmus sachant qu'elle traitait avec un fondé de pouvoirs, n'a pas dû compter qu'elle aurait action personnelle contre lui, elle a dû penser au contraire qu'elle n'aurait de titre que contre les mandans, contre ceux enfin qui étaient ses obligés; ainsi le veut la loi. Donc le sieur Dorr n'a pas à craindre les poursuites de la demoiselle Calmus, et par conséquent il n'existe point de motif pour condamner les sieurs Marcus et Baudouin à lui procurer décharge d'une prétendue garantie qui n'est d'aucune conséquence pour lui.

L'adversaire nous ayant entraînés dans le chapitre des articles pour mémoire, nous devons à notre tour, faire observer que dans son compte *de dépenses*, signifié en exécution de l'arrêt auquel il ne se soumettait qu'à moitié, il a exprimé des réserves pour les créances Lafalize et Pasquin de Rhéon, portées au bilan de 1818, et qu'il dit avoir cautionnées. Le sieur Dorr n'en a plus parlé, et de-là on peut conclure qu'il reconnaît bien n'avoir à cet égard aucune espèce d'action. Mais au moins convenait-il que nous en fissions la remarque, et dans la réalité le sieur Dorr eût-il cautionné, qu'il ne courrait aucun risque; puisque le sieur Marcus-Seiler a lui-même payé le sieur Lafalize, moins 600 fr, et qu'il a complettement soldé la créance Pasquin de Rhéon, en capital et intérêts, au moyen du versement d'une somme de 5,380 fr. 64 c. Ce versement justifié par quittance et par les registres du sieur Marcus-Seiler, a eu lieu le 29 décembre 1818.

Observation sur deux créances rappelées au compte, mais non reproduites dans les débats devant M. le Conseiller-commissaire.

Nous avons épuisé les débats sur les différens articles de dépenses qu'il est juste de rejeter; mais notre tâche n'est point pour cela entièrement remplie: nous ne pouvons terminer sans dire quelques mots sur les frais considérables que le procès actuel a engendrés. Le sieur Dorr nous a d'ailleurs provoqués sur ce point, dans un précis imprimé qu'il a récemment fait distribuer au public, sans cependant en envoyer un seul exemplaire à ceux qui avaient le plus d'intérêt à le connaître, c'est-à-dire à ses beaux-frères; il ne leur a été procuré que par le hazard.

Sur les frais et notamment sur un double droit d'enregistrement qui s'élève à 2317f 94c.

A la page 3 de ce Précis, le sieur Dorr annonce que les sieurs Marcus et Baudouin n'ont encore déboursé au sujet du pacte de famille, que *quelques frais* de procédure, pour lesquels ils lui ont fait un nouveau procès qu'ils ont perdu *au premier appel de la cause*, (quelle emphase pour apprendre le jugement d'une contestation simple et qui ne pouvait donner lieu à un examen de plus de trois quarts d'heure) !

Voici ce qui s'est passé : Le sieur Dorr, demandeur dans l'instance à laquelle mettra fin le réglement du compte qui vient d'être débattu, avait annoncé dans l'exploit introductif de cette instance, que la convention du 16 novembre 1818, était *verbale*. Mais plus tard, l'administration de l'enregistrement découvrit que la convention était réellement *écrite*; en conséquence, lorsqu'il s'agit d'enregistrer l'arrêt de la Cour, du 16 juin 1827, elle exigea le paiement *du double droit*, parce qu'il y avait contravention et par suite peine encourue, aux termes de l'article 57 de la loi du 28 avril 1816. Les sieurs Marcus et Baudouin qui, en qualité de poursuivans, payèrent les droits, furent aussi obligés de payer le double droit imposé au sieur Dorr.

Ils pensèrent qu'ils pouvaient de suite répéter à ce dernier, ce qui, dans tous les cas possibles, devait rester à sa charge ; et sur son refus, ils le firent assigner devant le Tribunal, en restitution de 2317 fr 92 c. payés pour le double droit.

Le sieur Dorr prétendit que ce n'était pas au Tribunal à prononcer, qu'à la Cour seul il appartenait de décider du sort de ces frais qui, en définitive, n'étaient qu'un accessoire du principal dont elle se trouvait saisie. Par jugement du 27 février 1828, le Tribunal, « attendu que » la somme de 2317 fr. 92 cent., perçue pour double droit, l'a été » lors de l'enregistrement de l'arrêt....., qu'ainsi cette somme fait évi- » demment partie des frais sur lesquels la Cour s'est réservé de sta- » tuer, en évoquant le principal, d'où il suit qu'en cet état de la cause » au fond qui divise les parties, les demandeurs sont non recevables » à porter la demande actuelle devant le Tribunal », a déclaré les sieurs Marcus et Baudouin, *en ce moment non recevables,* et les a condamnés aux dépens de leur demande.

Ces dépens ont été payés au sieur Dorr, sur le commandement qu'il a fait signifier fort mal-à-propos (la réclamation verbale de son avoué aurait suffi). Mais les sieurs Marcus et Baudouin, sont bien évidem—

ment *receivables* à présenter à la Cour une demande qui, dans le sys—
tême de leur adversaire, ne pouvait concerner que la Cour toute seule.

Question sera donc de savoir si le sieur Dorr doit supporter exclu—
sivement, dans toutes les hypothèses possibles, le paiement du double
droit. Or, il est de principe que les peines encourues pour contraven—
tion, sont personnelles, que celui-là qui a commis une faute doit en
supporter toutes les conséquences; et comme c'est le sieur Dorr qui a,
dans son exploit introductif d'instance, qualifié *verbale* une con—
vention écrite, c'est à lui d'acquitter le double droit auquel il s'expo—
sait. Nul n'est censé ignorer la loi; il devait donc savoir à quelle peine
le soumettait l'article 57 de la loi de 1816, qui impose le double droit
à l'instant même où l'on a déclaré *verbale* une convention écrite, sans
qu'il soit possible de l'éviter, quoique l'on puisse faire et alors même
que les défendeurs feraient immédiatement enregistrer le titre.

Une considération bien puissante milite en faveur des réclamans :
ils n'ont jamais nié l'existence d'un cautionnement jusqu'à concur—
rence de 106,600 fr. ; tout ce qu'ils voulaient, c'était le compte dé—
taillé des dépenses que leur adversaire disait avoir faites à l'occasion de
ce cautionnement, plus le compte de ce qu'il avait recouvré des va—
leurs indiquées par le bilan. Rien de plus juste que cette prétention. Ce—
pendant le sieur Dorr a soutenu qu'indépendamment des dépenses ci-
dessus, il lui était dû remboursement de toutes les avances qu'il avait
faites au sieur Marcus—Seiler, sans exception aucune; que cela résul—
tait de la teneur et de l'esprit de la convention de 1818. De là, né—
cessité de discuter sur cette convention, pour la faire interpréter, et
ce sont des débats prolongés sur la question élevée par le sieur
Dorr, qui ont attiré l'attention des agens du domaine sur l'*acte écrit*.
Est-il juste que la mauvaise contestation et l'entêtement de notre ad—
versaire nous imposent le sacrifice d'une amende de 2317 fr. ? Quelque
puisse être le résultat du compte, il est évident que celui-ci a eu deux
fois tort de se prétendre envers les sieurs Marcus et Baudouin, créan—
cier des avances qu'il lui a plu de faire au sieur Marcus-Seiler.

Les réflexions que nous venons de consigner ici, au sujet de la demande.

8

en restitution du double droit, s'appliquent au surplus à l'enregistrement de l'arrêt, elles s'appliquent aussi au coût de cet arrêt et aux dé-
boursés considérables du jugement qui a été attaqué par l'appel ; car
c'est toujours par suite de l'obstination du sieur Dorr à soutenir qu'on
devait lui faire état, même des dépenses étrangères au cautionnement,
qu'il a fallu plaider sur la convention, en déduire toutes les clauses,
et s'exposer ainsi à payer des droits d'enregistrement fort onéreux (pour
l'arrêt seul, il a été versé 4060 fr., indépendamment des 589 fr. per-
çus à l'occasion du jugement).

Compenser les frais dans une cause de ce genre, sous le prétexte de
parenté, ne serait point chose équitable ; nous venons d'en donner
quelques raisons, mais il y en a d'autres encore : Ce n'est point la
faute des sieurs Marcus et Baudouin, s'il y a eu procès ; effectivement,
ils ont toujours été prêts à payer, s'il leur était démontré qu'ils fussent
débiteurs, mais ils ne voulaient payer qu'en connaissance de cause ;
était-ce montrer trop d'exigeance, que de demander des renseignemens clairs et précis ? La conduite du sieur Dorr à différentes époques,
n'a-t-elle pas justifié leur insistance pour obtenir un compte exact ?
Le sieur Dorr a-t-il mérité que l'on se soumit les yeux fermés et sans
vérification aucune ? Selon lui, il n'y avait rien à voir, parce que les
sieurs Marcus et Baudouin ne s'entendaient point à la comptabilité ;
sans doute cela eut été plus commode, plus approprié à ses intérêts ;
car si on lui eût payé ce qu'il demandait, il ne se fût point placé dans
la fausse position où il se trouve ; nous n'aurions pas eu l'occasion de
signaler ses variantes nombreuses ; nous n'aurions pas à lui reprocher
de nous avoir demandé à chacun 19,670 fr., dans son exploit introductif d'instance ; d'avoir consenti par sa lettre du 10 mars 1825, à
réduire le dividende à 10,900 fr. ; de l'avoir porté à 16,453 fr. dans
un acte d'appel, et seulement à 11,158 fr. dans le dernier Mémoire
qu'il a fait imprimer.

En définitive, qui est-ce qui succombe sur chacune des questions
auxquelles a pu donner lieu le procès ? Le Tribunal avait ordonné un
compte ; ce compte a été mal rendu, puisqu'il était mal-à-propos enflé

de dépenses étrangères aux sieurs Marcus et Baudouin. Forcé par les mêmes Juges et par la Cour ensuite, de présenter un autre compte de recettes et de dépenses, *le sieur Dorr prétend n'avoir fait aucune recette*, on lui prouve le contraire ; mais cela ne suffit pas encore, il faut qu'il nous dispute ses recettes une à une. Il se dit en avance de 92,261 fr. 74 cent. au sujet du cautionnement. (Voyez page 33 du Mémoire signé Charpentier), on lui prouve que ses dépenses se réduisent à 49,000 fr., c'est-à-dire, qu'il les a portées à peu près au double.

Et les sieurs Marcus et Baudouin supporteraient des dépens ! Mais cela ferait supposer des torts, à des personnes que la trop grande habileté de leur adversaire en matière de finances, a mises dans la nécessité de plaider pour éviter une lésion considérable.

PARANT,

Avocat de Me Baudouin.

Vu par le soussigné, Avocat des sieurs Marcus,

DOMMANGET.

TOUSSAINT, *Avoué.*

MÉTZ, DE L'IMPRIMERIE DE COLLIGNON.